本书受郑州师范学院教育学原理重点学科经费资助

# 超越伦理困境

## 中小学教师专业伦理实践研究

TRANSCENDING THE ETHICAL DILEMMA: RESEARCH ON
TEACHER PROFESSIONAL ETHICS PRACTICE

李琰 著

社会科学文献出版社
SOCIAL SCIENCES ACADEMIC PRESS (CHINA)

# 摘 要

　　自古以来教育就具有鲜明的伦理品性，教师的德行与教学的正当性也一直是人们关注的对象。19世纪以来，受教师专业化运动的影响，教师职业道德逐渐被教师专业伦理取代。教师专业伦理不仅包括对教师品性与教育教学正当性的要求与规范，还担负着引导教师在专业实践中进行伦理判断的使命。此外，帮助教师在面对专业伦理难题和困境时做出符合伦理要求的决定与选择，也是专业伦理的重要任务之一。教师专业伦理对教师实践中伦理议题的强调不仅是现代哲学生活转向在教师职业中的体现，也是应用伦理学关注实践问题的一种直接表现。

　　中小学教师在专业实践中会遭遇哪些伦理困境？他们是如何应对的？有没有一些方法可以更好地应对实践中的伦理困境？这些问题是本研究的逻辑起点与研究目的。回答这些问题，要对教师专业实践中的伦理问题进行深入调查。在教师的专业实践中，他们所面临的伦理困境绝大多数涉及"如何利于学生发展""对谁负责""如何对待规范"等问题。对这些问题的不同回答造成了教师自身观念之间、教师与教师之间、教师与学生之间、教师与家长之间的伦理困境。本研究对教师应对伦理困境的方式进行了两个维度的调查。一是教师面对虚拟伦理困境时可能会采用的应对方式，即教师的偏好方式。二是教师在面对真实伦理困境时真正采用的应对方式，即教师的实践方式。结果显示，教师的偏好方式和实践方式之间存在较大的差别。这种现象说明，尽管很多时候教师能明确地意识到哪种方式更符合道德要求，但在教学实践中缺乏实践道德行为的道德环境，教师的能力和勇气也有待提高和加强。此外，研究结果显示，教师应对专业伦理困境的方式与伦理困境的内容具有密切关联。在影响教师应对伦理困境方式的其他变量中，教师的性别、教龄、所教科目、学校层次、地区、是否接受师德培训等因素均未对教师行为方式和伦理选择产生较大影响。

针对教师在专业实践中面临的伦理困境以及教师应对伦理困境的方式偏差，本研究从境域性因素和具体性因素两个方面对问题原因进行了深入的分析。从教师专业伦理的时代背景来看，全球化带来的价值多元和社会转型导致的价值失序引发了教师的伦理困境。此外，中国教育的课程改革和知识制度等特殊场域也是加深中小学教师伦理困境的重要原因。课程改革作为一种新理念、知识制度作为一种法定权力对中小学教师具有深刻的影响。从微观的层面来看，价值观之间的冲突、教师专业服务对象的多重性和个体差异性、教师专业的不确定性和无边界性、教师角色的多重性以及教师专业伦理素养的缺乏等因素均对教师伦理困境具有直接影响。

基于以上原因，本研究从两个方面提出应对伦理困境的建议。第一，从专业发展的角度入手，建立并完善相关的专业伦理保障制度：组建教师专业伦理组织、根据专业标准重建专业伦理规范、建立专业伦理保障体系。专业伦理保障制度的建立与完善不仅可以为教师理解、承认、接受、应对专业伦理困境提供专业上的支持，还可为教师营造出合伦理性的、同行监督的专业环境与氛围。此外，提升教师专业伦理素养也是应对伦理困境专业化的路径之一。教师专业伦理素养是教师敏锐地觉察环境中的伦理与价值要素、反思自己行为的伦理意义、做出合乎伦理判断的主体性因素，需从增进教师伦理知识和提高伦理能力入手。第二，本研究从四个维度提出应对伦理困境的具体操作策略：伦理抉择策略、实践对话策略、自我更新策略和复杂思维策略。这四种策略并不是非此即彼、互不兼容的四种策略，而是四种可选方式或应对思路。值得一提的是，引发教师伦理困境的因素既有可以改变的主体性因素，也有无法改变的结构性因素。对于那些无法改变的因素，教师需要以复杂的思维方式去理解和对待它们。

**关键词:** 专业伦理　伦理困境　价值冲突　中小学教师

# Abstract

Since ancient times, education has had a distinct ethical character and the virtues of teachers and the legitimacy of teaching have also been the object of attention. Since the 19th century, influenced by teacher specialization movement, teachers' professional morals have been gradually replaced by teachers' professional ethics. Teachers' professional ethics include not only the moral requirements and specifications of the virtues of teachers and the legitimacy of teaching, but also take the responsibility of guiding teachers' ethical judgments in professional practices. In addition, it is one of the important tasks for professional ethics to help teachers to make decisions and choices meeting ethical requirements in the face of challenges and difficulties of professional ethics. And the emphasis of professional ethics on ethical issues in professional practices is not only the reflection of the shift of modern philosophical life in teachers' professional ethics, but also the direct performance of applied ethics' concerning about practical issues.

What ethical dilemmas do primary and secondary school teachers encounter in professional practice? How do they react? How to better deal with ethical dilemmas in practice? These problems are the logical starting points and purposes of this study. To answer these questions, this study begins with the investigation and analysis of teachers' professional practice. In professional practice, the ethical dilemmas faced by teachers mainly involve "what is the interest of students", " who are responsible for", "how to deal with the rules," etc. And different answers to these questions result in ethical dilemmas of teachers' concepts and ethical dilemmas among teachers, between teachers and students, and between teachers and parents. This study conducts two forms of investigations about ways in which teachers deal with ethical dilemmas. One is used when teachers face virtual ethical dilemmas, the way teachers prefer. The other is the way used by teachers in face of real ethical dilemmas, the way teachers practice. The results show that large differences exist between the way teachers prefer and the way teachers practice. This phenomenon indicates that although in many cases teachers can clearly aware of which way better meeting ethical characteristics, they lack ethical environment, ability and courage to practice. Besides, the findings show that there is a close relation between the way teachers use in dealing with professional ethical dilemmas and the contents of professional ethical dilemmas. Moreover, among the variables that influence teachers' choices of way to deal with ethical dilemmas, teachers' gender, seniority, subjects taught, school level, region, whether to accept the ethics training and other factors on the behavior and ethics of teachers have no great effect.

For ethical dilemmas faced by teachers in the professional practice and problems arising in the process of dealing with ethical dilemmas, this study analyzes deeply from two aspects of the regional factors and the specific factors. From the perspective of the historical background of teachers' professional ethics, value pluralism brought by globalization and value disorder resulting from social transformation have exacerbated the ethical dilemmas of teachers. In addition, special fields of China's education, including curriculum reform and intellectual system, are also important causes of ethical dilemmas of teachers in primary and secondary schools. Curriculum reform as a new concept and intellectual system as a statutory authority have a profound effect on the primary and secondary school teachers. From the micro level, factors, such as the conflict of values, multiplicity and individual differences of teachers' professional service objects, uncertainty and borderless nature of teachers' profession, multiplicity of the role of teachers and the lack of teachers' professional ethics, all have a direct impact on teachers' ethical dilemmas.

Based on the above reasons, this study proposes countermeasures and suggestions to deal with ethical dilemmas from two aspects. First, starting from the perspective of professional development, establish and improve professional ethics relevant security system and enhance teachers' professional ethics literacy. Professional ethics security system involves three aspects, including the formation of teachers' professional ethics organizations, the reconstruction professional ethics norms based on professional standards and the establishment of professional ethic security system. The establishment and improvement of professional ethics security system can not only provides professional support for teachers to understand, react, recognize and receive professional ethical dilemmas, but also creates ethical and peer-supervised professional environment and atmosphere for teachers. To enhance teachers' professional ethics should start from strengthening teachers' knowledge and abilities of ethics. Teachers' professional ethics literacy is the main factors of teachers' keen observation of the ethical and value elements in environment, reflection of the ethical meaning on their own behaviors and making ethical judgments. Second, this study provides teachers with specific strategies from four dimensions to deal with ethical dilemmas: ethical choices strategy, practical conversation strategy, self-renew strategy and complicated thinking strategy. These four strategies are the four ways and ideas to solve professional ethics dilemmas. They are not incompatible four strategies, but four alternative ways or ideas. It is worth mentioning that the factors that lead to teachers' ethical dilemmas include both the main factors that can be solved and the structural actors that can not be solved. For those ethical dilemmas that can not be solved, teachers need to understand and treat them in the way of complicated thinking.

**Keywords**: Professional Ethics; Ethical Dilemmas; Value Conflicts; Primary and Secondary School Teachers

# 目　录

# 导　论

## 一　研究缘起

自 20 世纪 80 年代以来，世界各国教师专业化进程出现了重大的转向，教师专业化运动的重心由"群体的、外在的、被动的教师专业化"向"更注重个体的、内在的、主动的、终身的教师专业发展"。[①] 教师专业化的目的亦从提升教师整体性社会地位，转向了对教师角色、身份及日常实践活动的关注。然而，教师专业化的这一重大转向却没能带来教师专业伦理的根本性改变。作为教师专业化的核心构成要素，教师专业伦理的重心仍固着于规范典章的完善和教师道德素养的自我提高。教师在日常专业生活与实践中的伦理问题和伦理困境未能得到应有的重视，它们或被视为管理上的困难，或被视为普通的人际冲突，专业实践中的伦理维度和意义被极大地忽视。教师未能意识到专业生活与实践中伦理问题和伦理困境的复杂性，更缺乏理性的应对策略。以不恰当的方式应对专业伦理困境，不仅会降低整个职业的专业性，更会给师生与社会带来意想不到的负面影响。

### （一）教师专业实践中伦理困境的普遍性

教师作为一种"悖论性"的社会角色，既承担着社会代言人的

---

① 单中惠：《教师专业发展的国际比较》，教育科学出版社，2010，第 1 页。

角色责任，又要从教育和人性的角度去反思自己的社会代言角色，教师专业的这种内在张力是教师的内在特性。中小学教师在实践中经常会遭遇到类似的伦理冲突困境。现代学校制度中，师生关系的契约性和公共性要求教师公平公正地对待学生。同时，良好师生关系的建立又需要教师因材施教。有时两种不同的理念对教师提出了相异的目标与要求，两种不一致的要求将教师抛入伦理困境之中，而这仅是教师专业面临的伦理困境的冰山一角。

从实践层面和微观层面来看，教师在教学中需要做出无数选择与决策，而这些决策中大多涉及伦理与道德的关系，因而会给教师带来各种形式的伦理困境。美国的一个调查显示，教师描述的冲突事件中有70%具有伦理性质。[1] 教师不仅作为教师角色而存在，同时还是一种社会性存在。面对教育责任与家庭责任之间的矛盾，有些教师难以选择。同时，时代的变迁逐渐改变了教师的职能，不同职能赋予了教师不同的内在角色。是做一个善于创新的改革者，还是坚持以旧有的方式传递知识；是站在学生身边做一名促进者，还是更多地维持教师的权威（地位），这些都是教师需要自己进行决定的。因而，无论是外在角色还是内在角色都存在不一致和相互冲突的可能，这些冲突也会给教师带来难以克服的伦理困境。除此之外，教师还面临利益困境、忠诚困境、价值困境等各种伦理困境。可以说，教师专业伦理困境普遍存在于教师的日常生活与实践之中，需要认真探索与研究。

## （二）价值多元加剧了教师的伦理困境

全球化背景下的文化价值多元和现代社会的异质性所带来的价值间的差异与冲突是教师专业发展的宏观背景性因素。与此同时，当前中国正处于全面深刻的转型时期，传统、现代、后现代等各种价值观

---

① Nona Lyons, "Dilemmas of Knowing: Ethical and Epistemological Dimensions of Teachers' Work and Development," *Harvard Educational Review*, Vol. 60, No. 2, May 1990, p. 167.

念杂糅在一起导致了教师的存在境遇。多元价值之间的相互矛盾是当代社会的特征，加之各种教育思潮间的冲突和对立，使教师生活在由不同主体、不同价值观构成的价值漩涡之中。教育家巴格莱曾经以相互冲突的概念概括了教育思想间的价值冲突，"个人与社会"、"自由与纪律"、"目前需要与遥远目标"以及"学生主动性与教师主动性等"。① 因而，教师必须在各种道德原则与价值之间不断地做出判断与选择，道德判断多样性和冲突带来的苦恼成为教师专业发展不可回避的问题之一。

尽管从根本上来说，教育生活的价值在于学生与教师生命价值的提升及生活意义的扩展。师生需要共同参与各类活动，在交流、交往、行动的过程中实现生活意义，创造生命价值。② 然而，多元价值却深深地影响和冲击着这一主流价值。有论者指出，"近 30 年来道义论、功利论和契约论这三种伦理思潮对我国师德建设影响最为深刻，尽管多元伦理思想体系更有利于多层次、多水平的教师群体道德水平的提升已成为共识"，③ 但教师专业伦理属于专业伦理还是一般伦理，应注重他律还是自律，应偏重关怀还是正义，应该强调德性的提升还是强调规范的建立，④ 均是教师专业伦理建设所必须面对和解决的难题。全球化背景下的价值多元承认各种价值存在的合理性与合法性，它在某种程度上对主流价值具有猛烈的冲击。教师不再是传递或坚守特有价值的代言人，也不再是计划经济体制下社会机器中的一颗螺丝钉，教师作为主体而存在，其价值观念也逐渐变得更加多样。市场经济所造成的多元利益主体也使教师不由自主地置

①　〔美〕巴格莱：《要素主义者的基本原则》，载瞿葆奎主编《教育学文集・美国教育改革》，人民教育出版社，1990，第 41～42 页。

②　易连云、李琰：《试析德育回归生活的价值选择》，《中国教育学刊》2013 年第5 期。

③　赵敏：《近 30 年来我国师德建设伦理学思想的冲突与交融》，《教育研究》2011 年第 2 期。

④　宋萑：《教师专业伦理之辩证》，《湖南师范大学教育科学学报》2009 年第 6 期。

身于权力与利益的网络之中，这些无形的因素也会加剧教师的伦理困境。

### （三）教师职业道德规范未能提供应对伦理困境的依据

国外一项研究显示，大多数教师认为自己不具备解决伦理冲突的办法。[①] 面对专业实践中普遍存在的伦理困境，教师经常会感到无能为力或无所适从。尽管普通的专业行为可以遵照专业伦理规范，但仅仅依靠职业道德规范并不能解决教师面临的专业伦理困境。目前的《中小学教师职业道德规范》和教师专业伦理规范以规范伦理为前提，由终极关怀与专业信念以及精神、伦理原则和行为守则等维度构成伦理道德体系，具有普遍化、外在化、形式化的特点，对教师专业发挥着激励与规范的功能。专业伦理规范既要为服务对象（主要指学生）的相关利益筑起一道基本的防线，又要引导教师不断提升服务品质。换言之，教师专业伦理规范既要发挥底线伦理的作用，又要突出德性伦理的功能。底线伦理是指导和规范人际关系的最低道德要求，为教师提供一些最根本的、不能触碰的红线（有时与法律规定重合）。底线伦理多以否定性的规则或原则来杜绝不良和不宜的行为，缺乏对教师伦理与道德的正向导引与激励。很多时候它只能起到"防护堤"的作用，应用范畴较为狭窄，道德意义有限，为伦理道德选择留下了大量的空间。可以说，底线伦理是普遍伦理规范主义的产物，是现代社会价值多元背景下基础主义的伦理尝试。除底线伦理的要求之外，教师专业伦理规范还包括国家、社会与教师自己对教师（及其团体）的较高期待或要求，也就是我们通常所说的德性伦理或师德崇高性。然而，无论是底线伦理还是德性伦理都属于规范伦理的范畴，都要遵循规范的逻辑。

---

① Nona Lyons, "Dilemmas of Knowing: Ethical and Epistemological Dimensions of Teachers' Work and Development," *Harvard Educational Review*, Vol. 60, No. 2, May 1990, p. 168.

规范伦理关注道德原则、规范的完善及教师对规范的遵守，它先建构了理想教师的模型和愿景，再以此要求教师约束自己，从而获得由外在约束（他律）到自我约束（自律）的结果。从这个方面来看，即使规范伦理达到了预期的效果，也只能造就出遵守规范的守法者，而不能成为教师道德水平提高的促进者，有时"甚至会削弱个体的道德责任而导致权力滥用和以忠诚服从为名的冷酷"。[①]因而，一些学者（如 Robert Veatch 等人）曾激进地指出，"专业规范本身是多余的，而且依靠规范从事专业活动是有害的。专业伦理规范无论是在理论上还是在实践中都是没有用处的，应该停止建设更多的伦理道德规范"。[②] 尽管这种看法过于极端，但它也从侧面反映出了规范的消极特征。无论是哪种类型的规范，都只能为教师提供一些理念上或原则上的指导。因为这些守则或规范高度抽象，它们在实践中的用途有限，很难直接使教师走出伦理困境。这也是所有类型的专业伦理守则共同面临的问题与难题。如 1979 年美国的新社会伦理守则问世后，拉尔夫·多戈夫就曾指出"这一守则也显现出在社会工作从业人员遇到棘手的伦理难题寻求帮助的时候，不能提供足够的指导"。[③] 因而，从根本上说，专业伦理规范是由外至内、由上而下，从制度层面来约束、管制教师或激励教师，而不是教师自发内省的自律和自主的伦理决策。过度地遵循伦理守则可能会带来遵守规范的教师，但并不意味着专业行为伦理意义的扩展。因而可以说，再完备的专业伦理规范也无力应对实践中复杂多变的伦理困境。

---

① 宋萑：《教师专业伦理之辩证》，《湖南师范大学教育科学学报》2009 年第 6 期。
② Justin Oakley and Dean Cocking, *Virtue Ethics and Professional Roles*, Cambridge: Cambridge University Press, 2003, p. 2.
③ 〔美〕拉尔夫·多戈夫等：《社会工作伦理：实务工作指南》，隋玉杰译，中国人民大学出版社，2005，第 35 页。

# 二 文献综述

## （一）"专业"内涵及其特质的相关研究

### 1. 专业内涵的相关研究

同其他概念一样，专业也是一个历史性概念。对专业内涵的发展与演变进行分析与概括可以发现，"专业（profession）被看成一个富有历史、文化含义而又变化的概念，主要指一部分知识含量极高的特殊职业"。① 从历史的角度来看，"最初，专业可以用来指称任何一种生计。这可追溯至罗马时代，当时收税官为促进税收评估而要求纳税人发布职业声明。那时所有的职业（occupations）都是专业（professions）"。② 可见当时专业与职业并无根本意义上的差别。至 18 世纪中叶，专业一词才被用来指称一部分特殊的社会分工群体。这个时期的专业概念建立在其与普通职业相区别的特殊性之上，内涵较之以往大大缩减，但其社会地位却有所提升。通过对传统声望较高的专业（法律、医学、神学）进行经验观察与分析，桑德斯（Carr-Saunders）和威尔逊（Wilson）于 1933 年首次定义了专业，他们认为"专业是指一群人在从事一种需要专门技术的职业，是一种需要特殊智力来培养和完成的职业，其目的在于提供专门性服务"。③ 这种把专业的本质特性抽象出来，定义专业的方式成为该领域的经典范式，形成了具有典型功能主义特征的"特质模式"（trait model），该模式

---

① 赵康：《专业：专业属性及判断成熟专业的六条标准——一个社会学角度的分析》，《社会学研究》2000 年第 5 期。
② Morton Corn, "Professions, Professionals, and Professionalism," *American Industrial Hygiene Association Journal*, Jul 1994, p. 55.
③ Carr-Saunders, A. M. Wilson, *The Profession*, 转引自台湾师范教育学会《教育专业》，台北：师大书苑有限公司，1992，第 9 页。

极大地影响了此后的专业社会学研究。① 直到今天"特质模式"仍保持着强劲的生命活力。

2. 专业特质的相关研究

"特质模式"就是从专业的这种特殊性入手，着眼于传统专业的特性，为其他"发展中的专业"提供可资借鉴的标准。在"特质模式"看来，专业的特点是建立在专业的本质及其如何运作的基础之上的，因而对专业的定义及其运作机制进行探寻可以深刻地把握专业的根本特性。社会学家布朗德士（Brandeis）在考察传统被公认为专业的职业后提出，"专业是一个正式的职业，为了从事这一职业，必要的上岗训练是以智能为特质，卷入知识和某些扩充的学问，它们不同于纯粹的技能；专业主要提供人从事于为他人服务而不是从业者单纯的谋生工具，因此从业者获得经济回报不是衡量他（她）职业成功的主要标准"。② 这一经典定义内含着专业的三大属性，即全日制的正式职业、以深奥的知能为基础、为公众和社

---

① 由于这种特质模式缺乏批判性，且未能将历史的脉络考虑在内，因而遭到持有互动论、马克思主义、福柯主义与话语分析等论者的批判。后者大多从历史的、动态的观点看待专业，他们已经不再把区分职业与专业视作非常重要的事情，而是把两者视为拥有许多共同特征的社会形式。在休斯与克罗姆顿（Hughes，Crompton）（转引自 Julia Evetts，"The Sociological Analysis of Professionalism：Occupational Change in the Modern World，" *International Sociology*，2003）的批判声中，新韦伯主义者采用了更为有效的分析性定义，不再将专业局限于宽泛的假设（broadly assumptive）上，而是集中在排他性的市场保护（exclusionary closure）上。这种视角基于这样一个原则：我们生活在一个动态的、竞争性的、涉及宏观政治权力和利益的社会，在这样的社会中，专业群体依靠权力获得法律界限来保持专业地位，法律界限成为特别职业地位的标识。在这个意义上，专业化的中心在于获得特别的正规法律规则，随之形成的成员注册制可排除其他人员（转引自赵康《专业：专业属性及判断成熟专业的六条标准——一个社会学角度的分析》，《社会学研究》2000 年第 5 期）。这些对"特质模式"的批判分析模式注重权力的获取、专业团体的外在地位和专业的排他性，因而被称为"权力模式"。权力模式是在专业的社会地位的获得和专业声誉的维护过程中形成的，对于争取专业地位和收入发挥着积极的作用。然而，权力模式是和"特质模式"并行不悖的两种思路，并不能从根本上取代"特质模式"。

② 参见赵康《专业：专业属性及判断成熟专业的六条标准——一个社会学角度的分析》，《社会学研究》2000 年第 5 期。

会提供利他性服务。大多数社会学家认同这一观点。美国教育家李·S.舒尔曼（Shulman）也曾指出"一个职业的核心意义就在于运用复杂的知识和技能为他人服务的有组织行为"。[①] 1948年，美国教育协会（National Education Association of the United States）公布了评判专业的八条标准：含有基本的心智活动；拥有一套专门化的知识体系；需要长时间的专门训练；需要持续的在职成长；提供终身从事的职业生涯和永久的成员资格；建立自身的专业标准；置服务于个人利益之上；拥有强大的、严密的专业团体。[②] 另一位美国教育家利伯曼（Liberman）在《教育专业》中亦提出专业的八个特征：范围明确，垄断地从事社会不可缺少的工作；运用高度的理智性技术；需要长期的专业训练；从业者无论个人还是集体均具有广泛的自律性；在专业的自律性范围内，直接负有做出判断、采取行为的责任；非营利，以服务为动机；形成综合性的自治组织；拥有应用方式具体化了的伦理纲领。[③] 莫顿·科恩（Morton Corn）在一次演讲中也总结了专业的九条标准：高水平、先进的教育；特殊的行为守则；利他性的专业服务；严格的能力测试及许可考试；较高的社会声望；较高的经济回报；市场服务的垄断性；职业生涯模式；专业自主。[④] 曾荣光亦提出，专业是基于专业知识和职业道德建立起来的职业群体，它所提供的社会服务具有不可或缺的社会功能。[⑤] 综合分析现有观点，从广泛

---

① 〔美〕李·S.舒尔曼：《理论、实践与教育的专业化》，王幼真、刘捷编译，《比较教育研究》1999年第3期。

② 参见教育部师范教育司组织编写《教师专业化的理论与实践》，人民教育出版社，2003，第35页。

③ 参见〔日〕筑波大学教育学研究会编《现代教育学基础》，钟启泉译，上海教育出版社，1986，第442页。

④ Morton Corn，"Professions，Professionals，and Professionalism，" *American Industrial Hygiene Association Journal*，Jul 1994，p.55.

⑤ 曾荣光：《教师专业组织、国家权力与科层权威：香港教师专业化路向分析》，《香港中文大学教育学报》，转引自教育部师范教育司组织编写《教师专业化的理论与实践》，人民教育出版社，2003，第33页。

的意义上来讲，成熟的专业需要拥有三大类核心构成要素。

第一，专业知识。传统意义上的专业知识包括专业理论与专业技能，现在专业知识内涵有所扩展，有些学者将实践性知识列入专业知识的范畴。深奥、实用且理论化的专业知识体系是专业人员从事专业活动、处理专业问题、保证服务质量的前提和依托，是专业合法性的基石。因而正规、长期、终身的职前职后专业学习及培训成为专业化的必需品，建立系统化、制度化的培训机构也成为职业专业化的必要条件。

第二，专业伦理。如果说专业知识是专业的理性基础，那么专业伦理则是专业的感性基础与精神支柱。作为一种特殊的社会分工，专业承担着不可替代的社会服务责任，专业服务包含的利他性向来被视为专业的关键因素。专业人员内心要有为大众提供服务的意向，"有义务以'道德理解'为起点来运用其理论知识和技能"。[1] 为确保服务的利他性与正当性，专业人员要具备公正、客观、关怀的服务态度。此外，由于服务对象、公众和专业知识技能之间的隔离，他们没有理解与监督专业活动的能力，专业活动大多只能由专业人员自主决策或同行监督。在这种情况下，要求专业组织制定出专业人员能自觉遵守的、可操作性强的伦理守则。只有专业从业者意识到自己对社会的伦理责任以及伦理形象对专业存亡的重要性，他们才会自觉地将"经验的职业道德要求提升为理性的专业伦理守则，并以此统一全体从业者的职业行为"。[2] 因而，明确、完备的伦理守则的建立也是专业成熟的重要标志之一。

第三，专业组织。由于专业知识的专业化和社会闭合排他性，个体的专业自主面临巨大的风险，专业组织则可有效地预防这类风险，它可从专业的角度监督专业人员、保障客户和公众的利益。此外，专业组织还可以保护专业人员的权益不受侵害。因而，专业组

---

① 〔美〕李·S.舒尔曼：《理论、实践与教育的专业化》，王幼真、刘捷编译，《比较教育研究》1999 年第 3 期。

② 罗肖泉：《高等学校专业伦理教育论纲》，知识产权出版社，2011，第 5 页。

织可以发挥如下功能：保证专业权限，保证专业水准，提升专业地位，制定伦理守则等。

一般来说，人们总是依照这三个维度来分辨一个职业是否具有专业性，并根据专业的符合程度来判定专业的成熟程度。当然，这些要素并不能被视为判断专业的圭臬，在实际运用中将其看成一种宽泛的概括更为恰当。①

3. 以伦理为基础的专业模式

与其他专业相比，教师的知识基础似乎并不那么深奥难懂，教师职业也并不像医学和法律等专业一样具有较高的入职门槛和很强的排他性。因而从经典专业主义的视角来看，教师只能算得上是"半专业"或"准专业"。广义专业主义将专业的基础建立在道德与伦理之上，从道德的角度来论证职业的专业性问题。从根本上看，这一视角是对专业技术主义和工具主义的纠正与反动，但它并没有改变教师作为"形成中"专业的命运。

（1）经典专业主义视角中的教师专业

教师是否属于成熟专业一直是个具有争议的课题。从应然的角度来看，许多学者赞成将教师看作专门性职业。社会学家埃利奥特（Elliott）等西方学者把教师和医生、律师、神父称为"四个伟大的传统专业"。② 杜威在《教育理论与实践的关系》一文中就曾经提到，要把教师作为专业人士进行培养。他指出，我们的教师培养问题与建筑师、工程师、医生、律师的培养问题类似。而且，特别是因为教学行业是最晚才认识到需要进行具体的专业培养（这真让人感到难为

---

① 当我们面对数量巨大、众说纷纭的专业定义及判定标准时，唐尼（R. S. Downie）的建议值得我们重视，"专业的概念并不是固定不变的，倘若要给专业寻找定义，那么我们的目标应是对专业群体共同性的宽泛概括，而不是一套严格的充分必要条件"。R. S. Downie, "Professions and Professionalism," *Journal of Philosophy of Education*, Vol. 24, 1990, p. 147.

② 赵康：《专业：专业属性及判断成熟专业的六条标准——一个社会学角度的分析》，《社会学研究》2000 年第 5 期。

情，简直难以置信），所以教师更加有理由去试着弄清楚他们可以从其他行业更丰富、更成熟的经验中学到哪些东西。[①] 这些提倡将教师看作专业的学者，他们更强调教师所承担的社会责任并予以保证。联合国教科文组织（UNESCO）和世界劳工组织（ILO）1966 年发表的《关于教师地位的建议》认为："教育工作应被视为一种专业。这种专业要求教师经过严格且持续不断的学习，获得并维持专业知识和专门技能，从而提供公共服务；教育工作还要求教师对其教导学生的教育和幸福具有个人的和共同的责任感。"[②] 美国卡内基教育与经济论坛发布的《国家为培养 21 世纪教师作准备》再次强调了教师是专业的人员。我国也于 1993 年通过了《中华人民共和国教师法》，以法律的形式确认了教师的专业人员身份。

但从另一个方面来看，我们便不得不面对实践中教师培训时间较短、社会地位不高、特有专业知识较少、专业组织自主权缺乏等现实问题。出于对这些要素的考虑，许多学者认为教师只是准专业或半专业的职业群体。如埃齐奥尼（Etzioni）就认为教师的专业性不及典型的专业人员，还没有达到完全专业的水准。格莱泽（Glazer）亦把教育行业列入将要专业化的职业，认为教育和传统专业化职业（如医生和律师）之间存在差异。甚至有些学者直接断言，教师专业化是一种错误的对话。未进行长期专业培训的教师照样可以成长为一名优秀教师，系统化、理论化的专业知识并不是教师不可或缺的基础，同样，进行了专业教育的人员并不必然成为称职的教师。[③] 很多时候，

---

① 参见〔美〕约翰·I. 古德莱德、〔美〕罗杰·索德、〔美〕肯尼思·A. 斯罗特尼克主编《提升教师的教育境界：教学的道德尺度》，汪菊译，教育科学出版社，2012，第 31 页。

② "The ILO/UNESCO Recommendation concerning the Status of Teacher（1966）and The UNESCO Recommendation concerning the Status of Highter-education Teathing Personnel（1997）with a User's Guide," 2008, https://unesdoc.unesco.org/ark:/48223/Pf0000160495.

③ D. Coulter and L. Orme, "Teacher Profes Sionalism: The Wrong Conversation," *Education Canada*, Vol. 40, No. 1, 2000, p. 5.

就是教师本人也无法区别自己到底是半专业人员还是新兴的专业人员。[①] 因为，人们普遍感觉到"当整个行业的教师都宣称自己的职业同'其他'专业化职业一样，完完全全属于这一领域时，这种讲法不仅缺乏说服力，而且有时还给人一种极为矛盾的感觉"。[②] 同时，有些权力机构也认为教师是一种"正在兴起的专业"（即"半专业"）。例如，《关于教师地位的建议》中采用了"应把教育工作视为专业职业"的语句，是以一种应然态度，而非实然的肯定，这种话语并不以承认教师专业地位为前提。在我国，"教师专业化"基本上是一个实践口号，教师专业是"一个形成中的专业"成为共识。[③] 人们已经意识到，"参照'专业'的一般标准，从教育行业的特点出发，确定'教师专业化'的标准"，[④] 才是教师专业化过程中的首要问题。因而，教师专业化只是一种应然的追求，并不能将教师视为实然的专业。

（2）广义专业主义视角下的教师专业

教师专业的知识基础会随着时代的进步而不断扩展，但知识与技能的不断更新并没有改变教育的本质内涵与目的。因而有学者提出，将知识与技能作为教师专业的基础不仅不会提升教育和教学的专业化水平，反而会忽视教育的本质。"我们一旦忽视了要求具备专业知识

---

① 代表性的讨论有 A. Etzioni, "The Semi-professions and Their Organization", *New York*: *Free Press*, 1969, 转引自〔美〕约翰·I. 古德莱德、〔美〕罗杰·索德、〔美〕肯尼思·A. 斯罗特尼克主编《提升教师的教育境界：教学的道德尺度》，汪菊译，教育科学出版社，2012，第 42 页。

② 〔美〕约翰·I. 古德莱德、〔美〕罗杰·索德、〔美〕肯尼思·A. 斯罗特尼克主编《提升教师的教育境界：教学的道德尺度》，汪菊译，教育科学出版社，2012，第 43 页。

③ 参见陈桂生《学校教育原理》（增订本），华东师范大学出版社，2012，第 308 ~ 335 页；教育部师范教育司组织编写《教师专业化的理论与实践》，人民教育出版社，2003，第 44 页；刘捷《专业化：挑战 21 世纪的教师》，教育科学出版社，2002，第 65 页；王卫东主编《教师专业发展探新：若干理论的阐释与辨析》，暨南大学出版社，2007，第 12 页。

④ 陈桂生：《学校教育原理》（增订本），华东师范大学出版社，2012，第 308 页。

是由于现代学校教育的复杂程度加深，而非为了对教学的含义进行根本性的修正，对专业化知识的理解就会出现问题。知识基础的扩大的确让现代学校教育中的教师可以熟练地进行教学，但是它并没有改变教学的内涵。然而，如果我们开始让专业化知识的概念主宰我们对教学行业的看法，那么其后果将会损害我们正努力补正的教育。"① 越来越多的学者意识到，以知识与技能为核心的专业化进程必然会影响到教师专业的核心价值。对于教师来说，专业的核心标准及基础应该改弦易辙。

专业的广义定义方式与经典定义方式不同，它不再把传统专业当作专业的理想模式和准绳，抛弃了"以传统专业为标准"的执念，转而从自己的工作背景和实际出发，从分析自身的特性、效能入手，发挥自身的专业特性与社会价值。正如罗杰·索德（Roger Soder）所说，"一旦教师（及其领导者）不再试图按照医疗行业模式的理想将自己界定为'专业人士'，他们就会开始从自己的梦魇中解脱出来"。② 索德提出要以道德为基础，采用"种类界定"的基本论证方式来确立教师职业的专业性。教师特有的社会价值和道德职责是重新界定他们工作特性的基础，只有从道德的维度出发认定教师的专业性，教师才可能成为让人接受的专业性职业。与法律、医疗行业的知识神秘化、保持社会距离和专业权威不同，教师职业要求把专业知识看作教师群体的共有的核心资源，向所有有志于教育事业的人敞开大门，教师与学生之间保持密切关系。出于对教师职业特点的考虑和尊重，加里·D. 芬斯特马赫（Gary D. Fenstermacher）提出，"最好将学校教学看成是人类所从事的服务性行业中的特例。其独特性体

---

① 〔美〕约翰·I. 古德莱德、〔美〕罗杰·索德、〔美〕肯尼思·A. 斯罗特尼克主编《提升教师的教育境界：教学的道德尺度》，汪菊译，教育科学出版社，2012，第118页。

② 〔美〕约翰·I. 古德莱德、〔美〕罗杰·索德、〔美〕肯尼思·A. 斯罗特尼克主编《提升教师的教育境界：教学的道德尺度》，汪菊译，教育科学出版社，2012，第62页。

现在它对教师的需求以及教师服务社会的目的上"。把教师职业看成一种道德事业才能与教师职能相符合，只有将道德和伦理看作教师职业专业性的根本性特点，才能更好地促进教师专业的发展。古德森和哈格里夫斯（Goodson and Hargreaves）曾经指出，如果把专业仅看作技术或意识形态层面的努力，缺乏对关键主体声音和道德目标的重视，会严重削弱教师对专业地位和社会认可的期望。他们赞同将专业实践和新专业理论结合起来，并将这种社会实践和道德标准驱动的专业主义和知识体系称为后现代专业主义，把这种方式视为广义专业主义的范例。广义"专业主义从道德和伦理规则中发展起来，重视专业内部的关心……广义专业主义（即新专业主义）将重新关心教学这个职业。教学首先是一个道德和伦理的职业，新的专业主义需要将其恢复为一个指导原则"。[1] 专业的伦理精神和道德意义将成为定义教师专业的基础，加拿大教育部部长在安大略省讲话时提出，"缺乏一套伦理规范来指导其成员的行为，任何职业都难以真正地存在。医生、律师、神职人员具有他们的伦理规范，但教师很难说有一套这样的伦理规范。直到他们发展出一种专业精神，其特征是忠诚于所认可的伦理标准，否则，不能够将它与博学的专业相等同"。[2] 伊丽莎白·坎普贝尔（Elizabeth Campbell）同样赞成这种转变，她认为教学伦理是教师职业专业化的道德前提，伦理知识是教师专业的基础，因而注重教学实践中的伦理对于教师专业来说非常重要，教学的道德性成为定义教师角色的重要特征。[3] 也许只有在学生的福祉中，只有在为社会提供服务时才能找到专业的重要意义。古德

---

① 〔英〕艾佛·F. 古德森编著《专业知识与教师职业生涯》，刘丽丽译，北京师范大学出版社，2007，第 137 页。

② 转引自〔加拿大〕伊丽莎白·坎普贝尔著《伦理型教师》，王凯、杜芳芳译，华东师范大学出版社，2011，第 125 页。

③ E. Campbell, "Teaching Ethically as a Moral Condition of Professionalism," in Larry P. Nucci, Darcia Narveaz, eds., *Handbook of and Character Education*, Taylor & Fracis, 2008, pp. 601 - 612.

森和哈格里夫斯则概括了在广义专业主义视角下教师专业的七要素：①

　　·首先也是最重要的是，必须确立有关教师教学的道德和社会目标，明确提升价值的机会和前景，开发包含这些目标的主要课程和教学标准。

　　·教师有越来越多的机会和责任，自由地实践对学生发展有影响力的教学和课程。

　　·致力于与同事建立一种相互帮忙和支持的合作文化，并把它作为一种使用共享资源解决专业实践问题的方式，而不是作为一种实施外部强制的激励手段。

　　·专业而非自治，或者说不是自我保护的自治，而是广泛参与的自治。广大教师在社区中与其他同事进行广泛、自主、公开的合作（尤其是学生家长和学生本人），对学生的学习提供有益的帮助。

　　·为学生提供积极的教育和服务。专业主义必须在这种意义上承认与信奉教学中的情感和主体意识。同时，也应意识到有效监护中的关键技巧和部署。

　　·以自我为中心的、对与自己专长和实践标准相联系的继续学习的追求，而不是依从于他人所要求的无休止变化且日渐消弱的责任。

　　·充分肯定教学工作的高度复杂性和创造性本质，在理论和实践上对这种复杂性和创造性给予应有的地位与恰当的报偿。

可以看出，教师专业的合法性基础已经从专业知识转向道德或

---

① I. F. Goodson and A. Hargreaves, "Teachers' Professional Lives", *Falmer Press*, 转引自〔英〕艾佛·F. 古德森编著《专业知识与教师职业生涯》，刘丽丽译，北京师范大学出版社，2007，第137页。

伦理，其努力方向也已从对学术化追求转向专业的实践领域，由对教师外在条件和地位的追求转向内在特性的完善与追寻，对伦理的语言重构教育实践成为专业的新范式。在新的专业定义中，教师的社会责任、服务质量和专业伦理受到了更多的关注，处于专业的核心位置，成为教师专业化的标志和衡量专业程度的标准。可见，无论是经典的专业主义还是广义的专业主义，其专业标准都是就理想的专业而言的，即使是那些被公认为专业的行业团体其实也未必能完全达到所有的标准。从这个意义上来说，教师仍旧是一种"形成中"的专业。其实，目前对教师职业专业性的探讨，已不再局限于以静止的、二元的思维方式判定教师"是或不是"一种专业，而是把教师职业视为一种动态生长的过程，把教育视为专业加以发展的过程，以专业的各项指标为目标不断努力创造条件的过程。从某种意义上来说，把专业的标准或特质看作专业化的最终目标或理想可能更明智。依据标准来判定教师是不是专业职业，还不如根据专业特点着重促进对教师的专业内涵及品质的提升，着重对教师专业实践本身的研究和促进。

## （二）伦理与教师专业伦理内涵的相关研究

### 1. 伦理的双重内涵的相关研究

从词源学上来看，ethics（伦理）源于希腊文 ethos，本意是本质、人格；ethos 的词源之一为 habit，其古义为"居住在"，包含居住条件、传统、特性及服饰等意义，[①] 与"风俗""习惯"的意思密切相关。moral 一词源于拉丁文 mores，意为风俗、习惯、作用、品格。罗马人曾用"moralis"来翻译"ethics"。亚里士多德提出道德德性是由风俗习惯熏陶出来的。[②] 因而，从拉丁语系的词源上来看，两

---

① 陆谷孙：《英汉大词典》（第二版），上海译文出版社，2007，第 635、840 页。
② 〔古希腊〕亚里士多德：《尼各马可伦理学》，廖申白译，商务印书馆，2003，第 35 页。

者内容意义并不存在太大的差别。但伦理与道德在日常的应用中逐步有了一定的区分，"源自希腊语的'ethical'或'ethics'，无论是作为形容词还是作为名词都具有更多的理性特征，如强调'规格'、'规矩'、'标准'、'处方'等；而源自拉丁语的'moral'或'morality'无论是作为形容词还是名词则包含更多的情性特征，如强调'精神'、'心理'、'内心'等"。① 从我国词源上来看，道德与伦理的区别较为明显，"道"与"德"和道路、行走、内心、心性有密切关系，"伦"与"理"则和次序、条理、秩序更为相关。

"伦"源于"侖"，属于会意字。仑字，从亼从册，意为"思也"，② 指把简牍分类并编排次序。因而含有有次序、有秩序、有位次和有条理的意思。它既可用于指音乐的节奏和旋律的适当安排，又可指语言思路条理清晰可辨，如"八音克谐，无相夺伦"（《尚书·尧典》）和"维号斯言，有伦有脊"（《小雅》），还可指事物之伦（毛犹有伦）和行为之伦（行同伦）。可以看出，"伦"最初并非专门指人与人之间的关系，而是指一种条理化的状态。后来"伦"演变出了"辈""类""比""序""等"的内涵。③ 人群类而相比，等而相序。随后，伦常与人连用，表示人际关系有次序条理。如《孟子·滕文公上》："教以人伦，父子有亲，君臣有义，夫妇有别，长幼有序，朋友有信。"其中"人伦"即指人际关系的行为准则，包括君臣、父子、夫妻、兄弟、朋友等五伦。④ 现代"伦"字具有三层含义，一是人伦；二是条理、次序；三指同类和同等。⑤

"理"从王（玉），里声。《说文》谓之"治玉也，顺玉之文而剖析之"。可以看出，理字最初具有按照玉的纹理进行剖析和分析的

① 尧新瑜：《"伦理"与"道德"概念的三重比较义》，《伦理学研究》2006年第4期。
② 徐中舒：《甲骨文字典》，四川辞书出版社，2006，第574页。
③ 高兆明：《伦理学理论与方法》，人民出版社，2005，第8页。
④ 谷衍奎：《汉字源流字典》，华夏出版社，2003，第72页。
⑤ 中国社会科学院语文研究所词典编辑室编《现代汉语词典》（第5版），商务印书馆，2005，第896页。

含义，这一用法具有强烈的动词性特征。《战国策·秦策》里提到"万端俱起，不可胜理"。"玉之未理者为璞，剖而治之，乃得其鳃理。"其中，前两个理字均做动词使用，意指治理、剖析、处理等义，后一个鳃理之"理"乃指玉之纹理。因而也有"理者，成物之文也。长短大小、方圆坚脆、轻重白黑之谓理"（《韩非子·解老》）的说法。可见，理又被看作事物内在的机理、秩序和性质，指条理、道理等。由是，理既可以做动词，表示分析、治理等义，又可用作名词，指事物内部的秩序和规律。此外，值得注意的是，理字本身是指依据玉石之纹路，使璞玉变为美玉的过程，这一过程中包含着深厚的正面价值意义。

伦理二字连用，最早见于《礼记·乐记》："凡音者，生于人心者也，乐者，通伦理者也。是故知声而不知音者，禽兽是也。知音而不知乐者，众庶是也。唯君子为能知乐。"此处的伦理被作为名词来使用，"通伦理"成为区分众庶与君子的标准。知音是普通人的特点，知乐（即伦理）高于知音层次，是"君子"的特点。东汉郑玄注："伦犹类也；理，分也。"唐孔颖达疏："阴阳万物各有伦类分理者也。"意指把不同的事物、类别区分开来的原则、规范。[1] 可见，最初"伦理"既有音乐内含的节奏及旋律之义，又有整治事物之义，并进一步被引申为事实如何的必然规律。大多时候伦理被当作名词使用，意指人与人相处的各种道德准则。[2] 长期以来，人们关注伦理的规则与规范等名词性内涵，忽视了在形成规则与规范的过程中，伦理也包含着对关系与类别进行分析与治理的动词性含义。对伦理的理解排除了"理"字的动词用法和伦理所包含的动词含义。伦理其实是通过"理伦"过程之后所达到的结果，通过对万物之伦进行剖析、梳理、治理（即"理伦"），使其成为有条有理、秩序分明的世界。由是，从

---

[1] 朱贻庭主编《伦理学大辞典》，上海辞书出版社，2002，第14页。

[2] 中国社会科学院语文研究所词典编辑室编《现代汉语词典》（第5版），商务印书馆，2005，第896页。

词源上来看，伦理应是一个融过程与结果于一体的双重含义概念。它既包含着对事物之伦的认识、理解、把握和尊重，蕴藏着对人伦的思考、体认与感知，也包含人与人之间所应遵循的规范与准则。

这种对伦理的理解注重人与人之间的"关系"、突出"理"的动词用法，把人际关系治理和思维分析方式从幕后拉到了台前，伦理不再单指人与人之间道德规范的总和，还指对这种规范的考察和体认的手段、方式与思维过程特征。突出伦理规范的形成过程及方式，其实是对事物伦理和道德维度之重视。国外也有类似的用法，如"邬昆如与波依曼（Pojman）将伦理的范畴区分为规范取向与实践取向。规范取向意味着发展道德规范或原则，让人们具有参照的标准，以避免冲突的发生。实践取向则是对伦理的阐述不在于规范原则的建立，而在于实践伦理的过程。布劳恩（Brown）则将伦理视为一种工具性的考量，指引如何做决定的历程，给人们一种方法及有活力的基本假定及概念工具，去决定哪种行动是适当的"。[1] 正如孙彩平所说，把道德和伦理作为一种维度、一种视角，对于教育理论研究具有革命性的意义，是道德哲学重要范式之一。伦理可以被视为作为维度的道德，它是相对于单纯作为标准与尺度的道德而定义的。伦理问题不只是善恶判断的问题，也包括从善与恶的维度进行思考。伦理和道德的内涵不再是一个特定的价值标准，而是作为思考问题的一个维度（或领域），作为一种"道德实践"的新态度。[2] 西方以这种思维方式对教学进行研究，发现了教学的道德维度。这类研究落脚于提醒教师对教育实践中的道德影响保持清醒的意识，并且鼓励教师反思那些指导自己工作的根本观念，[3] 使教师提供合乎道德的教育。重新重视

---

[1]　参见许庆泉《国民小学学校行政人员伦理困境与伦理决定之个案研究》，硕士学位论文，台中：台中教育大学，2006。

[2]　孙彩平：《道德教育的伦理谱系》，人民出版社，2005，第9页。

[3]　王晓莉、卢乃桂：《当代师德研究的省思：与国外教学道德维度研究的比较》，《外国教育研究》2011年第6期。

和认可教师、教学专业领域中的道德或伦理维度或本质特征是教师专业伦理发展的基本趋势。① 因而，从伦理的词源学和语用学角度进行分析发现，伦理不仅可以作为一种尺度，还可作为理解实践的维度。

2. 道德与伦理关系的相关研究

由于伦理与道德本身就包含丰富的内涵，伦理与道德之间的关系更是"剪不断，理还乱"。因而，明确区分伦理与道德，既不可能，也无必要。本研究不准备对这两者进行严格细致的区分，而是试图通过对伦理与道德进行比较分析，解释以"专业伦理"替代"职业道德"的原因，进而对本研究中的专业伦理内涵进行分析。可以说，对伦理与道德的内涵及其关系进行分析是本研究的逻辑起点。对两者进行辨析可以帮助我们了解对"道德"与"伦理"的划分与侧重，有益于专业伦理概念的澄清与重构。

从历史的角度来看，"伦理"与"道德"的内涵及外延一直是个具有争论性的问题。对于不同的学者，两者意味着不同的意义，两者间的关系更是错综复杂的。在一般意义上，人们并不会对"道德"与"伦理"进行区分，因为它们都是关乎人们行为品质的善恶正邪，乃至生活方式、生命意义和终极关切。② 两个概念在日常生活和研究中意义相通，经常被互相替代、交换使用，③ "无论在中国还是外国，'伦理'和'道德'这两个概念，在一定的词源含义上，可以视为同义异词，指的是社会道德现象"。④ 因而，想要将两者完全区分开来几乎不可能，但也有学者认为区分道德与伦理标志着道德文明和道德哲学发展的诸历史哲学形态，⑤ 具有深层的哲学文化内涵和时代意义。"伦理"与"道德"之间的分野是在德国古典哲学中被理论化

---

① 王小飞：《当代西方教师专业伦理研究与发展现状述评》，《中国教师》2008 年第 23 期。
② 何怀宏：《伦理学是什么》，北京大学出版社，2002，第 9 页。
③ 罗国杰、魏英敏、金可溪等人都认为道德和伦理可被视为相同的概念。
④ 罗国杰等：《伦理学教程》，中国人民大学出版社，1986。
⑤ 樊浩：《"伦理"—"道德"的历史哲学形态》，《学习与探索》2011 年第 1 期。

的，这种分化可以看作对"康德式的自我强制"（黑格尔语）① 的道德哲学的反动。单就术语而言，康德已经在不同的意义上区分了伦理与道德，他认为道德是一种主观准则（内在立法），而伦理则具有普遍有效性。但"伦理法则如何成为社会、国家的'伦理性'、即'在—世界—中—存在'的公序良俗方向上的生存论突围，康德所做的工作并无太大的起色"。② 对"内心的道德法则"的沉思与追寻是康德伦理学体系的全部内容。为了克服康德主观立法和忽视自由意志之外客观世界的局限，谢林明确地将道德与伦理区分开来，他说："道德一般确立的戒律只诉诸个体，且不外乎要求个体的绝对自我性（Selbstheit）；伦理学所确立的戒律以一个道德存在者的王国为前提，且通过要求所有个体贴近个体来保障一切个体的自我性。"③ 谢林将视野从个人转移到了个人所在的世界，强调了主体之间的关系。在谢林看来，伦理与道德的重要区别在于，一个是纯粹的"内在意志法"（道德），另一个则必须以"道德存在者的王国"为基础，具有道德意志的道德者是伦理的前提，而伦理则是个体道德实现的保障。只要具有个人的"自由意志"，道德就可实现，而伦理则必须在社会关系及其义务和个人意志之间的关系中才可能真正实现。随后，黑格尔进一步发展了谢林的学说，在《法哲学原理》中严格地区分了道德与伦理。诚如罗科摩尔所言，黑格尔对道德与伦理的区分在整个西方哲学史上也是很醒目的。黑格尔对道德与伦理之间的混沌做了"分辨澄清"的工作。黑格尔指出，"道德的观点是这样一种意志的观点，这种意志不

---

① "康德式的自我强制"是指康德的义务论中的绝对命令。参见樊浩《"伦理"—"道德"的历史哲学形态》，《学习与探索》2011 年第 1 期。

② 邓安庆：《从道德世界向伦理世界的生存论突围——论谢林早期伦理思想的意义》，《陕西师范大学学报》（哲学社会科学版）2013 年第 5 期。

③ G. Schelling, "Neue Deduction des Naturrechts, Schelling Werke 3," *Historisch-Kritische Ausgabe*, *From-mann-Holzborg*, *Stuugart*, 1982, p. 148，转引自邓安庆《从道德世界向伦理世界的生存论突围——论谢林早期伦理思想的意义》，《陕西师范大学学报》（哲学社会科学版）2013 年第 5 期。

仅是自在地而且是自为地无限的。意志的这种在自身中的反思和它的自为地存在的同一性……把人规定为主体"。① 而伦理是主观与客观的统一，既要通过外在关系，又要通过内心才能实现，是客观精神的真实体现。"伦理行为的内容必须是实体性的，换句话说，必须是整个的和普遍的；因而伦理行为所关涉的只能是整个的个体，或者说，只能是其本身是普遍物的那种个体。"② 黑格尔对伦理与道德关系的认识见表1。

表 1　黑格尔对伦理与道德关系的认识

| | 性质 | 特点 |
|---|---|---|
| 抽象的法 | 抽象的形式的自由<br>自由意志借外物（特别是财产）以实现自身 | 1. 基于人的意志自由<br>2. 特征性无足轻重<br>3. 在抽象法中，只存在禁令 |
| 道德阶段 | 主观意志的法；主观的自由；自为地存在的自由<br>道德具有三个阶段：故意与责任阶段；动机（意图）与后果（福利）阶段；良心与善（道德自身即目的）阶段 | 1. 道德责任基于意识着的意向或故意<br>2. 反思、区别一般行为与道德行为、外部事件的发生与出于故意和对情况的认知、对后果的分析 |
| 伦理阶段 | 前两个环节的真理和统一（意志自由既通过外物，又通过内心，得以充分具体的实现） | 1. 伦理是一个精神的、活生生的、有机的世界，有其自己生长发展的过程<br>2. 伦理性的东西既是主观情绪，又是自在地存在的法的情绪 |

资料来源：见〔德〕黑格尔《法哲学原理》，范扬、张企泰译，商务印书馆，2009，第 162 页。

　　我们可以从表1中看出两者的关系。黑格尔认为伦理优先于道德或伦理内含着道德，他以一种辩证的思维来看待两者的关系。他认为法和道德必须体现在伦理中才具备现实性，"主观的善和客观的、自在自为的善的统一就是伦理"。③ 但我们要清楚地意识到，虽然在黑

① 〔德〕黑格尔：《法哲学原理》，范扬、张企泰译，商务印书馆，1961，第 110 页。
② 〔德〕黑格尔：《精神现象学》，贺麟等译，商务印书馆，1996，第 9 页。
③ 〔德〕黑格尔：《法哲学原理》，范扬、张企泰译，商务印书馆，2009，第 162 页。

格尔的概念体系中伦理层次要高于道德，但伦理作为自由的充分实现，必然包含意志的主观的自由（即道德），道德必须在社会关系中才具有实体性。伦理高于道德或包含道德这一观点源于对道德作为纯粹意志的反动，是对片面的"自由意志"的纠正与发展，既不否定道德本身的能动作用，又强调社会价值、文化和社会关系对道德的意义及作用。因而这一观点一再为人们所援引，成为论证教师职业道德向教师专业伦理转化的合理性依据。[①] 在教育学研究过程中，大多数研究者也认为道德是个体的、私人的、主观的，伦理是集体的、公众的、客观的。[②] 因而从西方道德与伦理概念发展脉络来看，已经形成了一种广为流行的看法：道德是个人的、主观的、内在的、感性的，可表示现象和问题；伦理则是社会的、客观的、外在的、理性的，多用于规范与理论。

中国历史文化背景下，关于道德的考评论证资料可谓汗牛充栋。较之伦理，道德的用法似乎更为常见。有一种对道德的普遍看法，这种看法肯定"道"是一个内涵结构丰富的内容体系，认为"德"是对"道"的体认、感悟及内化过程和状态。其中"道"对"德"具有统率作用，"德"是独立个体通过自身努力而"得道"的过程，其重心在于个人心性的修炼与养成，较少涉及与别人的关系。由于"道"字本身包罗万象，因而道德一词的用法十分宽泛。相较之下，我国语境中"伦理"多被归为"人道"的范畴，指人与人之间所应遵守的行为规范。"三纲五常"可算得上我国最具影响力的伦理规范了。早在春秋时期就有"君为臣之纲，父为子之纲，夫为妇之纲"之说，《尚书》中也有"今商王受，狎侮五常"（《尚书·泰誓下》）

---

① 详见徐廷福、杨晓平、刘义兵等人的相关论著，例如徐廷福《教师专业伦理建设探微》，《教育评论》2005 年第 4 期；杨晓平、刘义兵《论教师专业伦理建设》，《中国教育学刊》2011 年第 12 期。

② 〔加拿大〕伊丽莎白·坎普贝尔：《伦理型教师》，王凯等译，华东师范大学出版社，2011，第 17 页。

和"慎徽五典，五典克从"（《尚书·舜典》）的说法。可见人类伦理现象与要求可追溯至上古，"三纲五常"实际是对先古时期人际规范的总结和提炼。"三纲"可看成一种抽象的原则导向，"五常"是调整君臣、父子、兄弟、夫妻、朋友等人伦关系的具体行为准则。其内容包括仁、义、礼、智、信等五个方面。孔子曾提出，君君、臣臣、父父、子子。孟子对五常也有详细阐释，认为"人之有道也，饱食、暖衣、逸居而无教，则近于禽兽。圣人有忧之，使契为司徒，教以人伦——父子有亲，君臣有义，夫妇有别，长幼有序，朋友有信"。① 在孟子看来，人伦是为人之"道"，是人之所以为人的必要条件，是可以通过"教"化获得的内容。父子之间有骨肉亲情，故应父慈子孝；君臣之间有礼义之道，应该保持信义的关系；夫妻之间挚爱而又内外有别，故应该相互忍让，保持和顺；朋友之间应有诚信之德，保持友好的关系。这是处理人与人之间伦理关系的道理和行为准则。自董仲舒以后，"三纲五常"就成为维系中国封建社会的最高人伦法则。尽管它更多的是一种单向的服从和孝忠的要求，但仍是封建社会最为重要的人伦规范准则。由此可见，在我国道德的内涵要比伦理更为广泛一些，道德的价值及意义高于伦理，伦理从属于道德的说法是有历史根据的。我国学者王冬桦从中华民族文化传统和汉语言文字源起对伦理与道德的概念及其关系进行分析，认为道德的概念包含了伦理的概念。② 当然也有学者提出，"伦理"既可以是低层次的、外在的、类似于法律、"百姓日用而不知"的东西，也可以是高层次的、综合了主客观的、类似于家园、体现了人或民族的精神本质的、可以在其中居留的东西。③ 尧新瑜更是明确地提出伦理是伦理学中的一级概念，而道德是伦理概念下的二级概念。也有学者从中西文化传

---

① 杨伯峻译注《孟子译注》，中华书局，1988，第125页。
② 王冬桦：《为伦理与道德的概念及其关系正本清源》，《首都师范大学学报》（社会科学版）2011年第2期。
③ 何怀宏：《伦理学是什么》，北京大学出版社，2002，第12页。

统比较的视角分析伦理与道德的内涵，指出当代的伦理概念更多
"蕴含着西方文化的理性、科学、公共意志等属性，'道德概念'蕴
含着更多的东方文化的情性、人文、个人修养等色彩"。①

　　可见，"伦理"与"道德"的内涵及关系并不是确定不变的，我
们不能简单地进行判定，从历史和文化的角度进行具体分析更加恰
当。本研究中，伦理与道德之间，并不存在泾渭分明的界限，仅是一
种倾向性的表达。采用"伦理"的说法，是因为从对日常用法、词
源学上和哲学史的考察来看，伦理不仅是抽象的客观的规范体系，还
包含着对这种关系合理性的反身性思考，强调对规则的慎思明辨。与
道德相比，伦理更强调主体的理性分析与反思能力，表现出对人与人
之间关系的重视，对这种关系的理性思考与践行，以及它对社会历史
因素的观照。

　　3. 专业伦理的相关研究

　　从调整的对象范围和基本特性来看，职业道德和专业伦理都是对
教师这一特定人群的行为进行调节，都和教师职业生活与实践密切相
关，都具有"教育性、自觉性、整体性和实质性"② 等特征。从历
史发展逻辑来看，随着现代社会的不断发展，传统的职业道德逐步
显现出其过于泛化和模糊的特征。"一方面对伦理原则把握不够，
另一方面规范不具体，缺乏专业特性和可操作性（即上不着天，下

---

① 尧新瑜：《"伦理"与"道德"概念的三重比较义》，《伦理学研究》2006 年第 4
　期。

② 檀传宝：《走向新师德：师德现状与教师专业道德建设研究》，北京师范大学出版
　社，2009，第 8 ~ 10 页。教育性可从两个方面进行理解。第一，教师作为劳动主
　体与工具是同一的，教师道德也就直接构成和影响教育内容。第二，师德的教育
　性与示范性联系在一起，教师的人格特征影响教育内容。自觉性是指学校教育活
　动是一种具有高度自觉性的活动。整体性强调教师劳动中存在广泛和复杂的人际
　利益关系，教师必须全面或整体地处理这些关系。实质性指的是教师职业道德所
　产生的结果应当在"实质"上对学生的发展有真实的促进作用，有实际的教育效
　果，对于教师来说，最高的伦理目标是在实质上促进教育对象的发展，而非简单
　地恪守规范本身。

不着地）。"① 因而，建立在习俗道德基础上的职业道德不能有效调节复杂多样的伦理关系与专业行为，也无力应对时代发展给职业带来的新问题。专业伦理就在这种背景下应运而生，它不再以一般道德为依据，将普遍的道德原理简单地推论或应用到教师职业中，而是从专业要求出发，着眼于实践特征与伦理关系，讨论专业中的伦理问题及规范建构。专业伦理的产生与发展直接受西方社会的"职业专业化"运动影响。从专业的三个维度来看，专业视角中的伦理或道德维度作为专业的新基础，不再单纯局限于外在、客观的规范道德。从根本上来看，它更是一种渗入性因素，在专业的所有其他特质上都如影随形。可见，专业伦理是从职业道德分化、演进而来的，它源于并高于职业道德。

从职业道德与专业伦理的功能来看，专业伦理不仅要发挥传统职业道德的约束与激励两大基本功能，还要进一步保障专业地位、维护专业形象、提升专业水平、保障专业利益与权利。相比之下，职业道德的功能比较单一，只对教师起到约束或激励的作用。专业伦理是包含现代权利与义务的理论体系，它同时为服务对象与服务团体负责，除了承担传统职业道德的功能之外，还要进一步维护和保障专业的利益和权利。也就是说，职业道德和专业伦理"无论在高度和广度上都不可同日而语。按照专业理想和专业标准建立起来的师德规范，其道德水准高于普通的职业道德规范，其涉及面广于普通的职业道德规范"。② 从教师职业道德规范和教师专业伦理守则的内容来看，一般"职业道德多是一些普泛化的要求，而专业伦理守则更多从专业知识的运用和专业关系的处理方面对从业者提出明确而具体的要求"。③

---

①　檀传宝：《教育劳动的特点与教师专业道德的特性》，《教育科学研究》2007 年第 3 期。

②　黄向阳：《教育专业伦理规范导论》，博士学位论文，华东师范大学，1997，第 40 页。

③　罗肖泉：《高等学校专业伦理教育论纲》，知识产权出版社，2011，第 5 页。

教师职业道德规范的内容中，一部分来自对教师实践的总结，是对从业者行为的普遍性道德规范的要求，另一部分是"一般道德在教育行业里的简单演绎与应用"。① 教师专业伦理守则是建立在伦理性思考的基础之上的，是由"价值观、伦理原则和行为规范等一系列要素构成的复杂系统"。② 它强调从专业特点出发讨论伦理规范的建立；考虑教师专业工作和专业发展的特点与实际，并以与专业和伦理相关的理论为依据；在内容上教师专业伦理守则也更全面、具体、规范，要求更为适中。可以说，教师专业伦理守则是建立在对专业关系和伦理意义理性思考的基础之上的，是将经验的职业道德要求自觉地提升为理性的专业伦理守则的过程。从两者运作机制来看，职业道德偏重个人对约定俗成（习俗规范）的内化及认同，最终达到由外在规范的他律到内在自律的目的。专业伦理则偏重对专业团体的社会伦理责任与专业道德形象的维护。教师发挥自主性，依据伦理守则和伦理精神来指导自己的实践对于专业伦理来说是非常重要的。教师要能自觉意识到专业的社会责任，并能理性地反思讨论专业行为中的伦理议题，解决专业中的伦理困境。

总的来说，专业伦理关注专业价值与精神的发扬，注重具有法典意义的专业伦理守则的建立，聚焦于对专业实践伦理议题和困境的探讨，并包括对专业伦理价值体系—规范体系的建设与发展。无论从内在价值还是外在表现来看，都与传统的职业道德有着较大的差别。本研究的重心在于教师专业生活和实践中遇到的伦理选择困境，是专业伦理的内在面向之一。因而，专业伦理是本研究的重要的理论基础来源。"专业伦理的重点不是个体道德的完善问题而是在各种专业关系中可能出现的伦理冲突或需要专业人员作出抉择的伦理两难，它是对

① 檀传宝：《走向新师德：师德现状与教师专业道德建设研究》，北京师范大学出版社，2009，第 13 页。
② 罗肖泉：《高等学校专业伦理教育论纲》，知识产权出版社，2011，第 5 页。

专业行为相关的伦理问题及价值观问题的高度警觉和理性思考。"①
当然，这种说法并不意味着对"道德"的舍弃或否定。如果没有个
人道德的过程就谈不上专业伦理，而如果不注重伦理所涉及的关系
及理性，"得道"也必然是空中楼阁。在对专业关系进行反思时，
在依据专业伦理原则进行伦理判断时，专业主体的伦理自觉或道德
自主必然是前提和基础；在提升与实现专业伦理时，也离不开专业
道德自我生成这一核心维度。因而，从某种意义上来说，本研究中
专业伦理这一概念是包含道德的伦理概念，是关注专业关系的伦理
概念，是注重理性思维过程和判断的伦理。在专业行动中，教师主
体对伦理规范的可靠性与合理性思考，依据规范体系结合时空背景
做出适当的决定也是必不可少的环节。出于这种考虑，我们采用
"专业伦理"的说法。

4. 教师专业伦理内涵的相关研究

从上文的分析可以看出，专业伦理是包含专业价值与精神、专业
规范与守则、专业实践伦理问题等方面的一个研究领域。专业伦理既
包括对专业价值和精神的探讨与规定，也包括对专业实践和专业关系
中伦理问题的理解与解决，是一个内涵广泛、层次丰富的体系。

教师专业伦理概念可从广义和狭义两个层面理解。广义概念内涵
和外延所包含的范围较为广泛，是一个具有层次性的立体综合概念。
如贝利（Bayles）和里奇（Rich）等人认为专业伦理是存在于专业角
色和专业行为中的所有有关伦理、价值的议题。专业伦理指的是社会
中所有牵涉专业角色与专业行为的哲理思想、价值体系、原则与标
准。② 可以看出，这个意义中的专业伦理范畴较为广泛，它排除了私
人行为和作为公民的公共行为，仅指专业角色中的伦理议题。台湾学

---

① 罗肖泉：《高等学校专业伦理教育论纲》，知识产权出版社，2011，第18页。
② M. D. Bayles, *Professional Ethics Belmont*, Ca.：Wadsworth, 1981, p.3, 转引自 John Martin Rich, "The Role of Professional Ethics in Teacher Education," *Action in Teacher Education*, No.7, 1985。

者徐震、李明政先生也认为，"专业伦理指的是社会中所有牵涉专业
角色与专业行为的哲理思想、价值体系、原则与标准"。① 也就是说，
专业伦理包含专业的哲理思想、价值体系、伦理原则与行为标准等四
个方面的内容。且这几个内容存在由抽象到具体，由一般到特殊的层
级关系。我国学者罗肖泉将专业伦理的内容概括为三个方面。② 第
一，专业人员要自觉承担服务社会的专业责任。这要求教师不仅要践
行专业的伦理职责，还要具有感知伦理职责和履行伦理责任的自觉意
识。第二，要以利他主义指导自己的行为。在专业关系中，由于专业
人员拥有特有的或垄断的知识或权力，他们与其他利益相关者（尤
其是服务对象）处于不平等或不对等的位置，这要求专业人员要从
服务对象的利益出发，保证服务质量，维护服务对象的权益。如社会
学中强调案主利益至上，教育活动也将保证学生"学习的自由"看
作专业的根本目标。同时，专业要想维持自己的特有地位，必须获得
公众的认同和承认，专业必须向公众做出利他性与服务品质的各种承
诺。第三，要建立专业的伦理守则或规范，以此约束与激励从业者。
一般来说，职业经过长期的实践都会形成一些以习俗道德为基础的职
业道德。与职业道德不同，"专业守则更多从专业知识的运用和专业
关系的处理方面对从业者提出明确而具体的行为要求"。③ 一般来说，
专业伦理守则包括价值观、伦理原则和行为规范等三个层次的各种要
素。也有学者认为，广义教师专业伦理应该包括以下内涵：教师基本
道德、教师专业道德、教师教育关系、教师教学伦理、教师辅导伦理
和教师校园伦理。④ 无论是里奇等人将专业中所有的议题统称为专业
伦理，还是徐震等人从几个层次分析伦理内容，抑或是像梁福镇一样

① 参见罗肖泉《高等学校专业伦理教育论纲》，知识产权出版社，2011，第 18 页。
② 罗肖泉：《专业的伦理属性与专业伦理》，《学海》2010 年第 6 期；罗肖泉：《高等
学校专业伦理教育论纲》，知识产权出版社，2011，第 24 页。
③ 罗肖泉：《高等学校专业伦理教育论纲》，知识产权出版社，2011，第 5 页。
④ 梁福镇：《教师专业伦理内涵及养成途径之探究》，《教育科学期刊》2005 年第
5 期。

从专业包含的关系具体规定专业伦理内涵，这些看法将专业伦理看作较为宽泛的概念体系。从广义的专业伦理的内涵出发，有论者认为专业伦理的理论研究论题至少应该包括三个方面的探讨（见图1）。广义专业伦理概念取向与国外教学伦理维度研究有着极其相似的研究目的、思维模式和研究偏好。教学的伦理维度研究在于提醒教师对教育实践中的伦理影响保持清醒的意识，并且鼓励教师反思那些指导自己工作的根本观念，[1] 从而能使教师为学生提供合乎道德的教育。王小飞也认为重视和认可教师、教学专业领域中的道德或伦理维度或本质特征是教师专业伦理发展的基本趋势。[2] 本研究把教师对专业生活中道德维度的思考、理解与把握称为伦理维度。具体到教师个体，伦理维度是指教师对专业生活包含的道德性的意识、理解与把握，这亦是教师伦理自觉性的核心，它可以促使教师对专业生活有更深刻的理解与体认，以一种更为道德的方式去选择自己的专业生活。伦理维度不仅是一种研究视角，更是教师专业伦理发展或教师道德成长的核心构成要素，它同时也可以成为教师认知与体验教育道德性和教师专业伦理成长的一种态度与过程。

从道德哲学层面对具体工作中的伦理问题进行探讨，对专业进行价值层面的分析，直接探讨专业实践层面存在的伦理难题与决策，[3] 从这三个方面探讨的着眼点、重心和具体研究问题都有各自的特点，对它们进行的探讨在专业伦理的研究中也逐渐形成了相对独立的研究视域。当然这并不意味着这些方面相互分离、互不影响，相反它们之间是一种你中有我、我中有你的关系，单独将任何一个方面抽离都会影响对专业伦理的理解。

---

① 王晓莉、卢乃桂：《当代师德研究的省思：与国外教学道德维度研究的比较》，《外国教育研究》2011 年第 6 期。
② 王小飞：《当代西方教师专业伦理研究与发展现状述评》，《中国教师》2008 年第 2 期。
③ 皮湘林：《社会工作伦理的理论视域》，《伦理学研究》2009 年第 2 期。

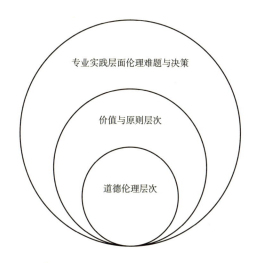

**图 1　专业伦理内涵层次**

资料来源：据皮湘林《社会工作伦理的理论视域》，《伦理学研究》2009 年第 2 期相关内容改编。

　　狭义的专业伦理概念是将教师专业伦理等同于教师在专业行动中所应遵循的规范与准则。从规范的目的和价值可将专业伦理分为三类，即强调规范专业行为的定义方式、强调关系的定义方式和强调过程的定义方式，其中强调规范对专业的约束性定义最为常见。这种看法认为教师专业伦理是教师在从事教育教学这一专业工作时应该遵守的基本伦理规范和行为准则。[①] 它强调通过伦理规范可以更好地履行职业责任，满足社会需要，维护社会声誉等。第二种定义强调以规范来维持专业伦理关系的和谐，这类概念的重心在于规范的价值目的是对专业伦理的关系维护。台湾学者沈清松认为专业伦理是在强调专业团体成员间或与社会其他成员互动时遵守专业的行为规

---

[①]　徐廷福：《论我国教师专业伦理的建构》，《教育研究》2006 年第 7 期；王玉玲：《中小学教师专业伦理缺失与重建研究》，硕士学位论文，华东师范大学，2007；杨旻旻：《略论台湾地区的教师专业伦理建设》，《集美大学学报》（教育科学版）2006 年第 4 期；杨晓平、刘义兵：《论教师专业伦理建设》，《中国教育学刊》2011 年第 12 期。

范，以此维持并发展彼此的关系。① 罗昂也认为教师专业伦理是履行教育教学职责的专业人员必须共同遵守的、有利于促进受教育者全面健康发展的、有利于促进社会和谐发展的伦理关系的总和。② 第三种定义强调教师专业伦理发生和发展的过程因素。韩峰认为教师专业道德是指教师在专业发展过程中逐渐形成的比较稳定的能够表现教师专业特征的品质观念和行为规范，体现教师专业情感、专业理性和专业意志的行为准则。③ 这类过程性教师专业伦理定义，把焦点聚集于伦理道德形成的要素及机制上，强调教师专业伦理的生成与发展。当然这三种类型仅是按其所强调的重点进行的模糊区分。究其实质，都是把专业伦理看作一种规范与行为准则，强调专业伦理的规范性功能。

总的来说，广义的教师专业伦理概念倾向于从教师的专业角色和专业实践活动入手，强调专业本身的伦理价值和角色责任。狭义的教师专业伦理概念则注重伦理规范的价值与作用。从某种意义上来看，广义的概念不仅包括教师在专业实践中所应遵循的规范与准则，还包括教师对这些专业实践中包含的伦理关系和精神价值之合理性的体认和反思，以及在此基础上以合乎道德的方式从事专业活动、进行专业判断的理性过程。教师专业伦理的内涵也不只包括教师所应遵循的价值、准则与规范，教师个体对教育专业活动所固有的伦理维度的自觉、对伦理价值规范的审思、对自身价值的澄清以及对伦理后果的想象等也都是专业伦理的应有之义。教师专业伦理目的不再单纯是培养具有高尚道德品质的教师，而是将重心转到了教育专业本身的伦理品性。它倡导教师从专业的角度处理教师伦理冲突，并深刻理解自身在道德教育中的作用及能动性，自觉遵守教师价值规范并承担学校道德

① 沈清松：《伦理学理论与专业伦理教育》，《湖南大学学报》1996 年第 10 期；冯婉桢：《教师专业伦理的边界：以权利为基础》，教育科学出版社，2012，第 25 页。
② 罗昂：《教师专业伦理素质的创新与发展》，《沧桑》2007 年第 6 期。
③ 韩峰：《教师专业道德形成研究》，硕士学位论文，山西大学，2010。

教育的责任。因而，广义的教师专业伦理是一个包含伦理规范系统和伦理思维过程的实践性概念。它不专指伦理规范系统、教师个体专业素养或制度体系建设，而是一个包含规范与理性自觉等的异质性要素的概念体系。不同于规范型专业伦理定义，本研究的专业伦理包含教师作为主体对自身专业实践进行伦理维度思考这一内涵，这是一种注重"伦理"之"伦"的专业关系，强调以伦理之"理"为重心的思维范式，落脚于专业实践的、新型的教师专业伦理认识范式。教师专业伦理不再是一个静态的、线性的、平面化概念，而是融伦理规范和伦理维度于一体的立体结构。

5. 教师专业伦理特性的相关研究

（1）教师专业伦理具有应用伦理的性质

从伦理学的发展史来看，伦理学通常包括规范伦理学、元伦理学和应用伦理学三种类型。20 世纪六七十年代以来，新兴科技与经济的飞速发展极大地冲击了传统的伦理规范体系。面对全球污染、资源枯竭、试管婴儿以及安乐死等一系列具有争议的伦理问题，应用伦理学在讨论解决各种社会伦理难题的过程中应运而生，其理论旨趣在于分析并解决时代变迁引发的社会伦理问题。应用伦理学特别关注对现实社会中的具体问题的伦理思考与探讨，尤其是那些具有明显争议的伦理道德问题。因而，有学者认为应用伦理的主要任务在于，"分析现实社会中不同分支领域里出现的重大问题的伦理维度，为这些问题所引起的道德悖论的解决创造一种对话的平台，从而为赢得相应的社会共识提供伦理上的理论支持。应用伦理学的目的就在于探讨如何使道德要求通过社会整体的行为规则与行为程序得以实现"。① 可以说，应用伦理学的目的不是要论证规则的合理性并建立放之四海皆准的伦理规范体系。它是一种直面现实问题，并致力于解决问题的理论。在它的视野中，不论是何种理

① 甘绍平：《应用伦理学前沿问题研究》，江西人民出版社，2002，第 1 页。

论、何种原则，都可以用来分析问题与解决问题。应用伦理学中，传统的功利主义与义务论等理论间的分歧变得不那么重要了，选择出最好的解决办法是最为根本的目的。因而可以说，应用伦理学是在解决现实的道德问题中实现对道德规范的追求，是一种诱发于问题并终止于问题的一种伦理理论。

与应用伦理学的理论旨趣相似，专业伦理学同样关注专业实践中难以解决的伦理难题。由于专业是社会发展到一定阶段的产物，它的产生与科学知识和技能有密切关系。科学技术等知识基础不仅为专业带来了社会地位，同时也可能带来更大的风险和更多的伦理问题。正是新的伦理问题的出现，使专业伦理有了产生与存在的理由。从这个意义上说，伦理难题赋予了专业伦理合法性地位。正是在解决伦理问题的过程中，专业伦理以分析与解决专业内伦理问题为主要职责，逐步取代了以习俗道德为基础的职业道德。职业道德规范由于不能适应职业发展过程中出现的新状况和新问题，被更加明确、周延、具体的行为专业伦理守则所替代。可见，专业伦理学也是一种诱发于伦理问题并以伦理问题为中心的理论。也正是因为如此，我们说专业伦理具有应用伦理学的性质。

专业伦理学具有应用伦理学的性质并不意味着专业伦理学等同于应用伦理学，两者之间具有某些细微的差别。首先，从研究范畴上来说，应用伦理学显然比专业伦理学涉及的范围更加广泛，不仅包括教育伦理学、商业伦理学、医学伦理学等专业范畴的研究，还有诸如生命伦理学、生态伦理学等普遍性社会研究。"应用伦理以'问题群'为基础划分伦理领域，而专业伦理以专业为基础划分伦理领域。"[①]其次，从研究功能上来看，应用伦理学以问题为生存之根本，可以说是为问题而生、随问题解决而亡的学科。极端地说，它的唯一目的就是解决伦理问题。专业伦理学则不然，其不仅担负着解决专业

---

① 罗肖泉：《高等学校专业伦理教育论纲》，知识产权出版社，2011，第 24 页。

内伦理问题的重任，还具有维护专业的伦理形象与提高社会地位的责任，它要为专业的发展提供伦理上的支持和保障。最后，从研究视角来讲，应用伦理学主要是从社会整体的宏观视角来考察伦理问题，而专业伦理学则更多地侧重于从个体或专业等微观或中观的视角来分析伦理问题。

（2）教师专业伦理内含责任伦理的特性

一般意义上，责任是指分内应做的事或因没有做好分内应做的事而应当承担的过失。① 可见，责任的核心在于"安伦尽分"，其合理性源于伦理身份（角色）和社会身份（角色）的双重规定。"人的责任或义务首先是由人类自然身份赋予的，然后是由其社会身份赋予的，前者具有天赋义务的性质，后者具有人为约定义务的性质。这便是人类责任的双重来源。"② 责任不仅出于一种身份的义务与要求，同样也出于一种关护。无论是先天自然身份还是后天社会身份的要求，责任伦理都遵循一种关护原则，并将其作为自己的核心原则。"这样一种关护意义和责任的感觉，是作为行为主体的我们主动提出来的，它并不以被关护者的回报为前提，也无需以同样权能的理性主体之间的关系为前提，责任感、养护意识体现的是一种非对等、非对称、非交互的关系，是'善意的一种'。"③

与之相应，教师也具有人类角色和社会角色双重责任，前者是教师作为人类的一员，所应具有的天赋义务，如繁衍的责任、身为子女应尽的责任，等等，这些是与生俱来、不可推卸的义务。后者是教师作为一种社会身份或社会角色，应该承担的社会职能。传统教师的职能在于"传道、授业、解惑"。现代教师的责任是为公众提供教育服

① 中国社会科学院语文研究所词典编辑室编《现代汉语词典》（第 5 版），商务印书馆，2005，第 1702 页。

② 万俊人主编《清华哲学年鉴》，转引自高湘泽《道德责任的主体必然性与合理性之根据》，《哲学研究》2006 年第 3 期。

③ 甘绍平：《应用伦理学前沿问题研究》，江西人民出版社，2002，第 135 页。

务，最终造福服务对象。现代社会背景下，教师必须发挥以"服务与奉献"为核心的专业精神才能更好地实现教师的责任，提供高质量的教育服务，保障服务对象的利益。索克特（Hugh Scokett）也曾指出，"面向专业责任的道德立场是专业发展中最为核心的部分"。①从这个意义上说，教师专业伦理可以促进教师更好地承担社会职能，更专业地履行社会责任。因而，教师作为一种专业职业，其本质仍是一种社会约定的责任或义务。从世界范围来看，人们对教师的专业责任范畴已达成基本共识，包括对专业的责任、对学生的责任、对同事的责任、对管理者的责任、对家长的责任等，② 其中对学生的责任和对专业的责任是教师专业伦理的核心维度。

专业人员最突出的特点在于运用专业知识与技能，自主地做出专业判断。由于公众和专业服务对象不具备相应的专业知识，专业人员在自主判断时并不会受到来自行业外部的监督，因而专业人员必须自觉地、负责任地行事，以确保服务对象的利益和专业声誉地位。此处的责任显然不只是指社会身份或契约要求的责任，而是对自己行为后果的一种承担。可见，责任除了指"安伦尽分"之外，还指行为主体在自由选择的基础上对行为后果的一种担当。从这个角度来看，责任便成为一个具有深厚伦理学意味的责任概念。"最早出现在 19 世纪时，它对行为进行评价，认为行为的动因在于行为者，而不在于义务本身的宇宙或自然结构。"③ "进入 20 世纪以来，特别是二战以来，责任概念才令人瞩目地跃升为当代伦理学中的一个关键性范畴。"④

① H. Sockett, "The Moral Base for Teacher Professionalism"，转引自陈延兴《教师专业主义的道德基础》，《中等教育》2002 年第 6 期。
② 1975 年全美教育协会代表大会通过的《教育专业伦理守则》中的两个维度是对学生的承诺和对专业的承诺；2001 年在第三届国际教育组织世界大会上通过的国际教育《专业伦理宣言》中提出了五类教师的责任。
③ 参见〔美〕特里·L. 库珀《行政伦理学：实现行政责任的途径》，张秀琴译，中国人民大学出版社，2001，导论。
④ 转引自甘绍平《应用伦理学前沿问题研究》，江西人民出版社，2002，第 100 页。

在我国，自20世纪90年代以来才越来越多地从这个层面上来理解责任的含义。马克斯·韦伯在《以政治为业》中也明确阐述了信念伦理（ethics of intention）与责任伦理（ethics of responsibility）的不同，"恪守信念伦理的行为，即宗教意义上的'基督行公正，让上帝管结果'，同遵循责任伦理的行为，即必须顾及自己行为的可能后果，这两者之间却有着极其深刻的对立"。① 可见，信念伦理追求一种伦理理想，而不考虑行为的结果。由于它只为"信念"负责，无法保证其手段的道德性，可能会导致以不道德的手段追求善的道德悖论。责任伦理强调为自己的行为后果负责，它既考虑行动目的与理想，又关照实现目的的手段和结果。由于同时要对行为的"理想、手段和结果"负责，可以有效地防止"好心办坏事"情形。若依靠"信念"、习惯或情绪等进行判断，可能会使教师长期忽视自己行为产生的后果，为行为的恶果披上"伪善"的外衣。如为了让学生以后有好的前程，采取题海战术提高学生的成绩，有可能是出于极为良善的动机，但若不考虑追求目的的手段与程度，不考虑后果，可能会给学生带来身体与心灵的伤害。很多时候，以"为学生好"名义做出不利于学生的事情会被轻而易举地合理化，从而使教育行为丧失它本身的善意。教师虽然作为专业人员，但他们不能准确地估量自己的行为会为每个学生带来怎样的影响，会对学生的未来产生多大影响，因而很多时候教师是在极不确定的情况下进行的专业判断。加上学生之于教师的不平等地位，就更需要教师进行"负责任"的判断，而不是出于良心的专业判断。因而，教师专业国际教育组织在《关于教师职业道德的宣言》中提到，"在职业实践中做出负责任的判断是教育的核心活动"。② "负责任"的判断是指教师在进行专业判断时，必须要考虑自己行为可能产生的后果及影响，也就是必须保证自己的行为动

---

① 〔德〕马克斯·韦伯：《学术与政治：韦伯的两篇演说》，冯克利译，生活·读书·新知三联书店，1998，第107页。

② 朱小蔓等：《教育职场：教师的道德成长》，教育科学出版社，2012，附件。

机和手段两方面的正当性，这实际上是对自己行为的一种伦理维度的考量。

### （三）伦理困境内涵及特性的相关研究

伦理困境（ethical dilemma）是伦理学的基本理论范畴之一。有时它又被称为伦理冲突（ethical conflict）、道德困境（moral dilemma）和道德冲突（moral conflict）等。伦理学意义的伦理困境与日常较为宽泛的用法不同，它是道德主体进行道德评价和道德选择时的一种两难状态，标志着道德主体的道德选择能力与道德处境所要求的差距。[①] 可见，伦理困境涉及客观对象本身的难度和道德主体能力高低两个方面。困境既可能是情境中无法消除的价值间的冲突，也可能是由主体道德水平或相关原因带来的困境。这个意义上的伦理困境是狭义的伦理困境。狭义概念强调主体选择时面临道德利益的相互对立、相互抵触和相互排斥的善恶矛盾和对立状态。[②] 狭义的伦理困境其本质是价值之间的矛盾或主体所应承担的责任冲突。也有论者从广义的角度定义伦理困境，把伦理上遇到的所有困难或困惑统称为伦理困境。广义概念不仅包括价值与观念的相互冲突，还将由于某些障碍无法达到理想状态的困难情境也视为伦理困境。

对是否存在伦理困境，哲学界一直存在争论。[③] 现代应用伦理学，并不对伦理困境进行这类元分析，而是将视线聚焦于人们实践中的伦理困境类型及解决策略。在我国，对伦理困境的分析多为类型学研究，也有论者对伦理困境中的终极价值进行探讨。尽管研究

---

① 罗国杰主编《中国伦理学百科全书·伦理学原理卷》，吉林人民出版社，1993，第333页。

② 徐少锦、温克勤主编《伦理百科辞典》，中国广播电视出版社，1999，第1068页；陈新汉：《哲学与人生——哲学概论新论》，上海人民出版社，2010，第201页；朱贻庭：《伦理学小辞典》，上海辞书出版社，2001，第45页。

③ 相关讨论可参见〔英〕麦金太尔《道德困境》，莫伟民译，《哲学译丛》1992年第2期。

者对伦理困境的概念、类型及解决方式持有不同的看法，但基本上形成了以下共识。第一，重视主体进行伦理选择的内在性与重要性。伦理困境中行为主体要意识到存在的矛盾，且在特定情况下必须做出某项决定，[①] 对道德困境的理解应从道德选择入手。[②] 第二，强调伦理困境中价值及规范间的不可调和性。指行为主体处于一种两难的情形……必须二者择一，从而势必违背其中的一种义务或规范。[③] 当按照某种道德准则的要求去实现一定的道德价值时，就不得不放弃或妨碍按照其他道德准则的要求去实现另外的道德价值。[④] 根据某一道德规范的要求做出某种道德行为的选择时，同样会导致妨碍行为者本人去按照另一个道德规范的要求去履行义务。[⑤] 第三，伦理困境类型的多样性。有论者认为，有多少划分道德类型的根据，就可能有多少类型的道德。[⑥] 虽然这一方法较为夸张，但也反映了伦理类型的多样化。最常见的分类方式是在价值体系内和体系间进行分类。[⑦] 传统伦理困境类型主要有：利己与利他、公德和私德之争。[⑧] 库珀（Terry L. Cooper）对行政人员要面临的伦理困境做出分类，并提出解决策略。他认为"人们通常不把困境视为伦理问题，而只把它当作实践问题。然而从根本上讲，这种困境涉及到我们如何有意、

①  袁明华：《论道德冲突》，《江苏社会科学》1992 年第 2 期。
②  韩东屏：《论道德困境》，《哲学动态》2011 年第 11 期。
③  甘绍平：《道德冲突与伦理应用》，《哲学研究》2012 年第 6 期。
④  李培超：《道德冲突论纲》，《湖南师范大学社会科学学报》1993 年第 2 期；黄巧玲：《道德冲突浅论》，《丽水师专学报》1994 年第 4 期；李彬：《走出道德困境》，硕士学位论文，湖南师范大学，2006。
⑤  黄应杭：《伦理学新论》，浙江大学出版社，1998，第 7 页。
⑥  姚轩鸽：《全球化背景中的伦理冲突与重建策略》，《陕西理工学院学报》2009 年第 27 期。
⑦  参见〔英〕麦金太尔《道德困境》，《哲学译丛》1992 年第 2 期；葛晨虹《道德行为抉择于道德冲突中》，《中国社会科学报》2011 年第 10 期；甘绍平《道德冲突与伦理应用》，《哲学研究》2012 年第 6 期。
⑧  陈晓平：《面对道德冲突：关于素质教育的思考》，中央编译出版社，2002；李宁：《道德：于冲突中正确抉择》，《西南农业大学学报》（社会科学版）2012 年第 4 期。

无意地为价值观和原则排列顺序。因此，它们既是实践问题也是伦理问题"。① 行政人员的责任具有客观和主观双重属性，两个方面的不一致引发的冲突带来了伦理困境。他分析了权威冲突、角色冲突和利益冲突三种伦理困境类型。

在哲学以外的社会学和教育学中，伦理困境被作为一个广为使用却语意模糊的伦理学术语使用，广义上的伦理困境指的是任何伦理事实或问题，也就是任何存有选择的争端，狭义上的伦理困境是指人们面对两个同样难以接受的选择，或者没有令人满意的解决方法的状态。② 西方社会工作理论在发展过程中，对伦理困境的研究已经取得了相当的成就，值得我们借鉴。弗兰克·洛温伯格（Frank Loewenberg）和拉尔夫·多戈夫（Ralph Dolgoff）曾经指出，"我们通常使用的'伦理困境'或'伦理问题'这个术语应当指的是社会工作实践问题中的'Ethical Dimension（伦理特性）'或'Ethical Aspects（伦理因素）'"。③ 弗瑞德瑞克·瑞玛（Frederic G. Reamer）将伦理困境定义为"当专业核心价值中对专业人员要求的责任与义务发生相互冲突的情形，而社会工作者必须决定何种价值要优先考量"。④ 我国学者罗肖泉将伦理困境定义为社会工作在实际工作中带有伦理特性的困难或问题，她认为社会工作实务的伦理困境包括具有伦理特性、源于价值观冲突、诱发伦理抉择和诉诸道德责任感四个方面的特性或内

① 〔美〕特里·L. 库珀：《行政伦理学：实现行政责任的途径》，张秀琴译，中国人民大学出版社，2001，第 91 页。
② 赵靖：《护理伦理困境实证研究——以合肥市某三甲医院为例》，硕士学位论文，安徽医科大学，2011。
③ Frank Loewenberg and Ralph Dolgoff, "Ethical Decision for Social Work Practice," 转引自罗肖泉《践行社会正义——社会工作价值与伦理研究》，社会科学文献出版社，2005，第 219 页。
④ 参见罗肖泉《践行社会正义——社会工作价值与伦理研究》，社会科学文献出版社，2005，第 220 页。

涵。[①] 从社会学从业人员面临的伦理困境来看，实践中的伦理困境的范畴并不如哲学与伦理学研究的那么纯粹，社会学专业伦理困境更多的是一种宽泛的概念范畴。

### (四) 教师伦理困境内涵及其类型的相关研究

1. 教师专业伦理困境内涵的相关研究

伦理困境是教师在进行专业活动时，面临几种不同的、相互矛盾的道德价值，一时难以做出判断或抉择的情境。与传统哲学讨论中的虚拟道德冲突困境不同，教师面临的伦理困境多是教育情境中存在的真实两难困境。这些困境会给教师带来内心的疑惑和困扰，引发教师主体"在面对两个或更多的选择情境时的内在对话"。[②] 可见，教师专业伦理困境与教师的道德认识、判断与选择能力有着密切的内在联系。在善恶对立较为明显的道德选择中，如果教师不具备分辨善恶的能力，就会陷入道德困境，出现道德选择上的动摇；在善恶不明确的情境中，道德认知能力较低的教师也容易陷入困境，不知应如何选择。从理论上来看，如果善恶选择非常明确，道德主体也具备较高的道德判断水平，教师就不易陷入伦理困境之中。然而，真实生活中的伦理困境与科尔伯格虚构的伦理困境不同，前者涉及更多的关系、权力与利益。即使在善恶因素非常明确、教师的善恶观也很明确的情境中，教师也可能陷入伦理困境。伦理困境的产生除了主体道德认知能力和道德境界方面的原因之外，还与环境中的文化、社会、组织结构等因素有密切的关系。因而，伦理困境的性质、结构等客观性因素也不能忽视。教师作为社会成员，扮演与承担着不同的角色和责任，这些责任可能具有同样的正当性，这就会

---

① 罗肖泉编著《社会工作伦理教育研究》，中国矿业大学出版社，2005，第 85 ~ 86 页。

② 参见 Orly Shapira-Lishchinsky, "Ethical Dilemmas in Teaching and Nursing: The Israeli Case," *Oxford Review of Education*, Vol. 36, No. 6, August 2010, pp. 731 - 748。

给教师带来选择上的困难。此外，社会价值、专业价值和个人价值观念之间的差异和冲突，也会使教师遭遇到不同种类的伦理困境。因而，理解伦理困境并习得应对困境的策略和技能对教师顺利履行专业职责有着重要的意义。

在教师的专业行动与实践中，伦理困境是不可避免的。这既由困境本身的性质、内容和类型决定，又与教师的伦理判断和道德发展水平的高低相关。伦理困境中主客观因素交织的情况规定了研究伦理困境的三种思路。其一，从道德心理学的视角入手，研究教师主体道德发展水平和伦理困境的关系，以提高教师的道德判断能力从而使其进入更高的道德心理阶段。这种研究主要以科尔伯格的正义判断和吉利根的关怀判断两种模式为理论基础。其二，从教师的专业生活着手，对教师在专业活动中遭遇到的真实伦理困境进行开放式的访谈或调查，并对案例进行类型学的分析，以期发现伦理困境的性质和应对策略。这类研究的目的大多在于了解教师如何理解专业情境中的伦理问题和冲突。其三，从冲突管理的视角切入，研究教师应对伦理困境时的管理风格，进而促进教师更好地解决伦理困境。奥泽（Fritz Oser）开了伦理冲突管理研究的先河，并提出了"专业伦理信念"这一经典分析模型。

教师专业伦理困境主要针对教师专业中的真实困境，而引起困境的冲突类型和冲突管理方式引发了理论工作者持续的关注。美国的一个调查显示，教师描述的冲突事件中有70%具有伦理性质，但大多数教师认为自己不具备解决冲突的办法。[①] 从根本上看，除了伦理主体的思维、认知和判断能力会对解决冲突产生影响外，伦理困境本身的性质、类型、内容及环境中的管理文化等因素也在解决冲突的过程中扮演着重要的角色。因而，为了更好地解决道德冲突、摆脱

---

① Nona Lyons, "Dilemmas of Knowing: Ethical and Epistemological Dimensions of Teachers' Work and Development," *Harvard Educational Review*. Vol. 60, No. 2, June 1990, p. 167 – 168.

伦理困境，研究者从主观、客观以及他们之间互动关系入手，对教师的伦理决策和选择能力、教师对伦理困境的理解力、教师应对伦理困境的风格及过程以及伦理困境的性质及类型等方面进行了实证研究。

与伦理学和心理学研究中虚构的两难困境不同，教师在专业生活中面临的伦理困境涉及更多的关系考虑、情感体验和利益考量。因而，对教师遭遇的真实伦理困境进行研究就不能局限于评判教师的道德认知、判断和推理的水平，还应将困境中的关系、制度、文化等因素考虑在内。

2. 教师专业伦理困境类型的相关研究

对教师专业伦理困境的认识与研究有利于教师理解专业活动内在的伦理性。对伦理困境进行反思与分析，有助于教师增强与提高专业伦理意识与能力，缓解伦理困境带来的道德困惑、道德焦虑等负面情绪。对伦理困境的类型进行分析是认识、理解和解决伦理困境的必要前提。同时，伦理困境的类型与内容对教师采取哪种策略应对冲突具有直接的影响。国内外许多研究者对教师面对的伦理困境的类型进行了探索。

从表 2 可以看出，不同视角下教师面对的伦理困境的类型差别。以思辨与实证研究方法研究获得的困境类型具有较大的差异。虽然多数实证研究以理论为指导与基础，但现实生活中教师面对的伦理困境较理论分析更复杂、更多样、更微观。引发伦理困境的原因有主观和客观两个方面。主观方面的因素表现为，教师主体的伦理能力和道德发展水平、个人信念决定了教师面对伦理困境的范围、内容和类型。客观方面的原因相对来说更加复杂，教师专业本身特性、组织结构及管理、社会观念价值以及经济等因素都可能使教师陷入专业伦理困境。通过对教师专业实践的考察与认识，结合相关研究成果，我们根据困境类型形成的原因将其归为四种类型进行分析。

表 2　教师专业伦理困境类型研究综述

| 学者 | 对象与方法 | 观点 | 来源 |
|---|---|---|---|
| G. Colnerud（1997） | 瑞典义务教育学校的教师 | 1. 人际伦理规则冲突；<br>2. 源于任务的内部专业规则冲突；<br>3. 制度规则冲突；<br>4. 社会一致规则冲突；<br>5. 自我保护规则冲突。 | G. Colnerud, "Ethical Conflict in Teaching," *Teaching and Teacher Education*, 1997. |
| Kenneth A. Strike and Jonas F. Soltis（1998） | 实证<br>美国<br>虚拟案例＋伦理学分析 | 1. 惩罚与程序中的困境；<br>2. 学术自由；<br>3. 平等对待学生；<br>4. 应对多样性：多元文化与宗教；<br>5. 民主、专业化与正直教学。 | 〔美〕肯尼思·A. 斯特赖克、〔美〕乔纳斯·F. 索尔蒂斯：《教学伦理》，洪成文、张娜、黄欣译，教育科学出版社，2007。 |
| Kirsi Tirri（1999） | 芬兰的初中教师 | 1. 与教师工作有关的事件；<br>2. 与学校和学习相关的学生道德行为；<br>3. 少数群体的权利；<br>4. 学校的常见规则。 | Kirsi Tirri, "Teachers' Perceptions of Moral Dilemmas at School," *Journal of Moral Education*, 28(1), 1999. |
| Elizabeth Campbell（2003） | 个案研究<br>加拿大 | 1. 个人信念与学校规则间的冲突；<br>2. 学校行政管理方式带来的困难；<br>3. 伦理原则之间的冲突；<br>4. 家长与教师间理念的冲突；<br>5. 与同事相处时的困境等。 | 〔加拿大〕伊丽莎白·坎普贝尔：《伦理型教师》，王凯等译，华东师范大学出版社，2011。 |
| Orly-Shapira-Lishchinsky（2010） | 案例分析<br>以色列<br>实证＋关键事件 | 1. 关怀氛围与规则氛围的冲突；<br>2. 分配公正和学校标准的冲突；<br>3. 保密性和学校规则的冲突；<br>4. 忠诚于同事和学校规范的冲突；<br>5. 家庭要求及教育标准的冲突。 | Orly Shapira-Lishchinsky, "Ethical Dilemmas in Teaching and Nursing: The Lsraeli Case," *Oxford Review of Education*, 36(6), 2010. |
| 程红艳（2006） | 思辨 | 1. 体制与个人；<br>2. 将学生看作目的还是手段；<br>3. 关爱和公正；<br>4. 主流与多元之间的冲突。 | 程红艳：《教师的道德冲突》，《教育研究与实验》2006年第3期。 |

续表

| 学者 | 对象与方法 | 观点 | 来源 |
|---|---|---|---|
| 夏湘远<br>（2006） | 高校教师<br>思辨 | 1. 行为取向上的义利冲突；<br>2. 行为表现上的角色冲突；<br>3. 行为动机上的心理冲突。 | 夏湘远：《高校教师面临的道德冲突及其调适途径》，《长沙大学学报》2006 年第 4 期。 |
| 胡锋吉<br>（2007） | 思辨 | 1. 角色冲突；<br>2. 效忠冲突；<br>3. 权利冲突。 | 胡锋吉：《谈冲突下的教师伦理》，《教育与职业》2007 年第 6 期。 |
| 宋崔、张倩<br>（2009） | 思辨 | 1. 伦理价值间的矛盾；<br>2. 权力互动的复杂；<br>3. 学校内部的力量对比。 | 宋崔、张倩：《教师专业伦理实践困境与解困路径》，《福建师范大学学报》（哲学社会科学版）2009 年第 4 期。 |
| 吴艺<br>（2011） | 高师生<br>思辨 | 1. 职业责任与专业意识的冲突；<br>2. 职业伦理准则与自身伦理规范；<br>3. 个人价值、社会价值与职业价值的冲突。 | 吴艺：《从库珀模式看高师生伦理价值观的建构》，《教育探索》2011 年第 1 期。 |
| 沈瑨<br>（2012） | 教育专业伦理案例分析架构 | 1. 教学管理案例；<br>2. 师生关系案例；<br>3. 学术腐败案例；<br>4. 同事关系案例；<br>5. 社会影响案例。 | 沈瑨：《师道与师德合一：构建教师专业伦理制度的理性探索》，博士学位论文，陕西师范大学，2012。 |

资料来源：根据表格中"来源"一栏的文献整理而成。

（1）价值冲突带来的专业伦理困境

价值冲突带来的专业伦理困境是指教师在进行专业活动和专业判断时会面临不同的价值选择。专业价值伦理困境又可分为专业价值体系内和专业价值与其他价值间的矛盾。

杰克逊（Jackson）早在 20 世纪 60 年代就指出，教师在他们的专业活动中，经常被要求达到两种相互矛盾的目标。这些目标既可能是双重的，也可能是多重的，既有来自学校的要求，也有来自学生的要求。"不同伦理价值间存在差异必然导致教师在专业伦理实践中遭遇两难困境。"① 在教师的专业价值与非专业价值间、专业价值内部都可能存在冲突与矛盾。社会价值与个人价值之间的冲突、关怀伦理与公正伦理之间的冲突都经常出现在教师的专业情境之中。奥泽也曾提出，教育环境中的道德冲突多由公正、关怀和真诚这三种道德要求引起，这三种道德要求通常不能被同时满足，这会使教师陷入伦理困境。几乎每个国家的教育专业伦理规范之间都有相互冲突的伦理价值。如我国的《中小学教师职业道德规范》《小学教师专业标准（试行）》《中学教师专业标准（试行）》提到，教师要公正公平地对待每一位学生，同时还要求教师因材施教。但很多时候教师若依据因材施教这一理念进行专业活动，就可能违背公平对待每位学生的要求。很多时候，教师明确地知道要公平对待每一位学生，但由于各种客观因素却无法做到，这也会使教师陷入伦理困境。

此外，回答"什么是学生的最佳利益"是核心的问题之一，不同价值观念会有不同的回答，这些价值观之间的差异往往也会使教师陷入困境。是为了学生的长远利益，主抓学生的成绩，使其最终过上体面的生活？还是将学生生命个体与意义看作教育目标，把成绩放到次要位置？在现在的教育体制中，无论做怎样的选择都会阻碍另一种价值的实现。"当教师不知怎样做才是对学生最好的，或不知怎样做才意味着更尊重同事，就面临着这种困境。"② 奥泽也认为在教师的专业实践中，正义伦理与关怀伦理并不总是配合默契的，而是往往呈现相互抵触的情形。③ 教师若选择关怀价值，关怀处于弱势地位的学生，

---

① 参见自宋萑、张倩《教师专业伦理实践困境与解困路径》，《福建师范大学学报》（哲学社会科学版）2009 年第 4 期。
② 参见 Orly Shapira-Lishchinsky，"Teachers' Critical Incidents：Ethical Dilemmas in Teaching Practice," *Teaching and Teacher Eduction*，Vol. 27，2011，p. 649。
③ 参见宋萑、张倩《教师专业伦理实践困境与解困路径》，《福建师范大学学报》（哲学社会科学版）2009 年第 4 期。

就可能损害其他学生的权益，反之亦然。库尔奈鲁德（G. Colnerud）在实证研究中详细阐述了结果公正与程序公正之间的差异引发的问题，以及学校规则与学生自主权之间的矛盾。[①] 教师应公平分配还是差异分配教学资源；应公平对待还是差异对待学生；应让学生学会服从学校的规则，还是维护他们自我决定的权利和增强其意识；在教师与学生相处时，是保持与学生间的距离，以便能获得制度与文化上的权威，还是和学生"打成一片"，通过其他方式获得学生的认可，这些都是专业活动过程中不可避免也不会消除的内在价值矛盾。

（2）结构因素引发的伦理困境

结构困境多指专业特性、组织形态、管理结构等客观的、不易改变的因素带来的困境，也包括学校作为一个组织，其内部固有的矛盾给教师带来的困境。学校结构的中心问题包括：组织原理、学校与学校生活的定位、学校内的合作、学校氛围等。[②] 结构困境大体来说有两种情形：一是教师专业内部固有的特性带来的困境，二是学校制度和规则引发的困境。

专业活动本身就包含着各种内在伦理冲突和困境。这是由教师专业自身特性带来的困境。早在 1968 年，杰克逊研究了这种潜在的矛盾，教师在专业活动中要达到相互矛盾的目标。教师要承担双重或多重责任，这种责任或来自教师所在的学校，或来自教师指导的学生。[③] "教师既要和蔼可亲、细心周到，在一定的情境下又要高标准严要求地对待学生。他们必须要照顾每一位学生的需求，同时不能忽视班级作为一个整体的需要。他们要能维持良好的纪律与秩序，同时

---

① G. Colnerud, " Ethical Conflict in Teaching," *Teaching and Teacher Education*, Vol. 13, 1997, p.632.

② K. Aurin, M. Maurer, "Forms and Dimensions of Teachers' Professional Ethics: A Case Studies in Secondary Schools," *Journal of Moral Education*, Vol. 22, 1993, p.278.

③ P. W. Jackson, *Life in Classrooms*, 转引自 G. Colnerud, "Ethical Conflict in Teaching," *Teaching and Teacher Education*, Vol.13, 1997, p.629。

还要保护好学生的自主性与幻想力。"① 库尔奈鲁德用实证的方法区分出六种专业中不可避免的伦理困境：教师要满足集体中所有学生的个体需求；教师承担着不同的学校责任；教师要使学生社会化；教师既要对学生的当前利益负责，也要为学生未来利益负责；社会上各种规则共同作用于教师。可见，无论教师伦理能力再高、道德境界再高，也不可能同时完成双重或多重任务。因而，教师专业中本身内含的这类困境不可能完全被消除，也不可能完全避免。我们所能做的只能是从教师主观因素出发，使教师能很好地理解这种困境，并能合理地应对这类困境。

学校制度和规则给教师带来的困境和压力主要表现为两种情形。一是规则制度合理，但实际情况较为复杂。如保密性与学校规则冲突会给教师带来结构上的困境。教师答应要为学生保守秘密，可同时学校规则又要求教师对学校领导和家长尽告知义务。在一些案例中，教师知道了一些连学生父母都不知道的学生的隐私，这些事情非常敏感需要专业对待，而学生家长显然不具备这些条件。在显然对学生不利的情境下，是否要依据规则告诉家长就成为一种决策困境。

二是规则制度本身的不合理给教师带来的压力困境。索克特也曾指出，并不是所有学校的制度和规则都符合道德的要求。"让教师遵守那些最终对学生有害的规则是不道德的，然而，往往政策要求教师去做的事情，正是在教育学层面上对部分学生或全部学生来说不适合的做法。"② 库尔奈鲁德将之称为规则与学生利益之间的冲突。她认为学习了不同知识的学生要参加相同的测验并被评分，他们的分数不取决于自己的努力程度，而取决于自己与其他人成绩的对比。每当教

---

① G. Colnerud, "Ethical Conflict in Teaching," *Teaching and Teacher Education*, Vol. 13, 1997, p. 629.

② 参见 G. Colnerud, "Ethical Conflict in Teaching," *Teaching and Teacher Education*, Vol. 13, 1997, p. 629。

师在做这种评分工作时就会感到内心的困惑。波普（Pope）等人对教师在学生的评估环境中的伦理困境进行了研究发现，几乎所有教师冲突都涉及不同制度要求，而且，这些要求似乎与教师自己评估的观点不一致。① 除了这种涉及评价的结构困境外，其他类型的结构困境在现代教育体制中也非常突出。现代教育多采用科层制的组织模式，这种管理模式削弱了教师对自己工作目标的考虑，等级制的权力矩阵要求教师服从校长和其他行政领导的指挥，充斥在学校场域的各种制度、纪律、行为规范对教师和学生都具有强制约束力，这就造成教师经常面临科层制带来的困境。当领导下达了一个不合道德规定的命令，教师就面临是否执行的伦理困境。当学校的要求、规范和守则影响到学生健康成长时，也会使教师陷入是否遵守规则的伦理困境。我国学者蔡辰梅、徐萍认为过度的制度规约会使教师专业自主缺失，出现陷入专业良知的困境，制度伦理如果缺失就会使教师专业道德显得异常脆弱。②

以技术工具理性为取向的管理主义对教师工作效率与绩效的要求，也会使教师面临结构性困境。管理主义的核心在于以最小的成本获得最大的产出，表现在教育上就是要求教师同时向整个班级的学生讲授同样的内容，依据科学的教学法提高教学效率，并根据学生的表现和成绩对教师进行评价。在管理主义统治的现代学校中，教师成为工人，教室成为车间，学生成为原料，成绩成为成品。这种生产模式以知识传授为主要任务，忽视了对学生生命的唤醒、生命意义的扩展这些重要的方面。教师在生产加工过程中，当意识到学生自身生命价值的重要性时，他就会陷入伦理困境。尤其在新课程改革的背景之

① Lisa Catherine Ehrich, Megan Kimber, Jan Millwater, and Neil Cranston, "Ethical Dilemmas: A Model to Understand Teacher Practice," *Teachers and Teaching: Theory and Practice*, Vol. 17, No. 2, 2011, pp. 176 – 177.

② 蔡辰梅、徐萍:《制度下生存与教师的专业道德困境》,《教师教育研究》2007 年第 1 期。

下，一轮又一轮的课程培训让教师意识到，教育的真谛并不仅仅是分数，不能仅以成绩作为评价学生的标准。当这种新课程理念遇到管理主义时，两者间的张力就会使教师面临结构性伦理冲突。此外，专业伦理与个人伦理信念之间，社会文化传统与专业伦理之间的差异也会带来结构困境。坎普贝尔的研究指出，教师们在早期的职业生涯中，在面对行政命令和学校的大气候的时候，很容易放弃他们的道德敏感力。①

（3）主体利益带来的伦理困境

利益困境与结构困境往往具有内在的联系性。当教师的个人利益与教师作为一个专业人员的义务之间产生了冲突，无论这种利益冲突是源于价值、结构，还是源于角色和权力，只要这些冲突中涉及教师对自我利益的获得或损害的考量，就可被视为利益困境。教师有时会面临运用专业身份之便获得收益的诱惑，有时又要违背某些道德信念以维护自身的利益。面对这些情形时，教师就面临着利益困境。从本质上说利益困境就是"利益与职责之间、私人生活禀性与公共角色义务之间的不可避免的紧张关系"。② 这些紧张关系表现为教师的专业职责与私人利益之间的冲突，客观责任与个人可能利益之间的冲突。在市场经济主义和功利主义的影响下，个人的权利和利益已逐步得到承认并逐渐被合理化。如教师作为专业人员，其终极目的在于帮助、引导学生过上幸福生活，维护学生的利益。然而，在以学生成绩为取向的文化中，教师想要维护学生的利益，就需要对抗外界施加的压力，但这种抗争通常会给教师带来麻烦与损失。在蒂里与胡苏（Tirri and Husu）、库尔奈鲁德、坎普贝尔和沙皮拉（Shapira）的研究中，忠诚冲突和同事带来的其他困境也涉

---

① 〔加拿大〕伊丽莎白·坎普贝尔：《伦理型教师》，王凯等译，华东师范大学出版社，2011，第84页。

② 参见〔美〕特里·L.库珀《行政伦理学：实现行政责任的途径》，张秀琴译，中国人民大学出版社，2001，第115页。

及教师自身的利益。库尔奈鲁德认为保护学生与同伴忠诚规则间的冲突是最"引人瞩目的"伦理困境形式。教师们把违反忠诚原则称为泄密，因而，很多时候即使教师明知道学校规则或同事行为对学生的利益有损害，也不会直接指出或纠正。其主要原因就在于对自身利益的考虑和维护，也就是坎普贝尔所说的"尽管他们感受到不同程度的道德愤怒，但是他们强调自身的'谨慎'、'机智'和'保护'，在这里'自我保护是一个关键的因素，不管我们是否喜欢'"。① 在国外，忠诚原则被视为专业伦理的一个部分，违反这一原则就会遭受教师工会的训诫，给教师带来更多制度结构上的压力。这就会造成教师"悬置道德"的后果。在我国，并不存在类似的规定与准则，教师大多是从自身利益的角度来考虑的。然而，这种忠诚困境带来的不良后果和影响在国内外却惊人地相似，"员工室内恶意而非正式的流言蜚语，和对于同事教学实践、能力和性格特征的抨击在很多学校相当猖獗"。②

（4）角色责任冲突导致的伦理困境

角色责任困境是由不同的角色责任冲突带来的困境。作为社会人的教师，在社会中要扮演不同的角色，不同角色要求在特定情境下会出现相互冲突的状况。一般来说，教师要承担公民的责任、专业的责任和家庭责任等，这些角色责任的要求之间会有相互抵触的情形，这就会给教师带来选择困境。作为专业人员的教师，在专业内部亦承担不同的角色责任，责任之间的冲突也会给教师带来困惑。教师通常要对专业、学生、同事、家长和社区（社会）负责，一旦责任内容有所抵牾，教师就面临着角色责任困境。教师受政府委托向家长和学生提供公共教育服务，他必须同时向政府、家长、学生负责，家长和学

---

① 〔加拿大〕伊丽莎白·坎普贝尔：《伦理型教师》，王凯等译，华东师范大学出版社，2011，第 103 页。
② 〔加拿大〕伊丽莎白·坎普贝尔：《伦理型教师》，王凯等译，华东师范大学出版社，2011，第 104 页。

生都是教师的服务对象。教师对前者的责任是直接的、常规的，对家长和学生的责任（尤其是对学生的责任）是间接的，但更加重要，具有终极性。一方面，教师对政府和上级负责时，就有可能妨碍自己对家长与学生的责任。另一方面，对家长负责有时会有悖于教师的专业判断。当家长的要求和教师专业判断不一致时，教师必须处理这种差异。蒂里和胡苏的一项研究显示，"大多数几乎没有得到解决的冲突涉及教师与家长的关系，而且对'儿童最佳利益'的认识矛盾加剧了冲突"。①

此外，坎普贝尔分析了教师主体因素与伦理困境之间的关系。首先，教师缺乏应有的伦理知识。教师不知道如何辨别和认识伦理困境，或在不明确的情境中，无法分辨出什么是对的，什么是错的。其次，教师缺乏伦理实践能力。即使教师清楚地知道什么是对的，但在实践中不知具体应该如何做才能达到正确的结果。再次，教师缺乏伦理勇气。教师非常清晰地认识到什么是对的，什么是错的，也具备实现正确目标的能力。但出于"案例、便捷、有效或者有利等个人原因，他们可能选择不去运用这种知识，他们被雷兹描述的学校文化所胁迫。这种文化给教师烙上了这样的印记'不要捣乱，无论如何平静才是每天的常态'"。②

作为专业人员的教师承担着对专业、对学生、对家长以及对社会的责任，很多时候这些责任之间存在不同的要求，教师就需要在不同的责任和价值体系之间进行选择。作为个人的教师即使在进行专业活动时，也不可能完全剔除对自身权益的考量。这些因素使教师的专业伦理困境呈现复杂多样的特点。当然以上依据困境中冲突来源的分类方式并不是按教师专业的性质及职能进行划分的，并不具备逻辑上的

① 参见〔加拿大〕伊丽莎白·坎普贝尔《伦理型教师》，王凯等译，华东师范大学出版社，2011，第89～90页。
② 〔加拿大〕伊丽莎白·坎普贝尔：《伦理型教师》，王凯等译，华东师范大学出版社，2011，第77页。

严密性。同时，在真实的专业生活中，规则、价值、角色、结构等来源不可能截然分开，因而伦理困境类型学上的原因分析更多的是认识论上的意义。

### （五）应对伦理困境策略的相关研究

研究教师应对伦理困境的风格的重心，在于考查不同类型的伦理困境是否会有不同的应对方式，并在这些基础上找到更好的应对策略。

1. 应对伦理困境的风格研究

应对伦理困境的研究最初是从冲突管理的视角切入的，研究者先对教师在面对道德困境时的表现和策略进行分析，在此基础上提出应对策略。奥泽是较早对教师在道德困境中的决策风格进行实证研究的学者，他提出的"信念模式"分析理论与构架在世界范围内都具有广泛的运用。他认为教师面对伦理困境时，具有五种策略：规避、委托他人、单方决策、不完全商谈和完全商谈。[①] 追随冲突管理研究传统，马斯罗瓦蒂（Maslovaty）在奥泽研究的基础上又增加了两种策略：寻求家长帮助和个体谈话。寻求家长帮助在奥泽的研究中属于委托他人处理，而个体谈话则属于单方决策策略。研究还发现，困境的内容、教师的个人信念以及教学环境都在很大程度上影响着教师对解决策略的选择。同时，研究结果表明在不同文化情境下，教师应对道德冲突的策略大致相同。[②] 王晓莉等人依据"道德信念模型"对我国大陆教师的道德决策进行实证研究表明，我国教师面临

①　F. Oser and W. Althof, "Trust in Advance: On the Professional Morality of Teachers," *Journal of Moral Education*, Vol. 22, 1993, p. 260.

②　N. Maslovaty, "Teachers' Choice of Teaching Strategies for Dealing with Socio-moral Dilemmas in the Elementary School," *Journal of Moral Education*, Vol. 29, No. 4, 2000, pp. 429 – 442.

大多数师生冲突时，采用"规避"而非"商谈"的方式，[①] 这说明我国教师普遍缺乏解决道德冲突的策略。可见，在解决日常情境下的伦理困境时，教师更关心如何保持表面的平静，而不是公正的达成。

此外，伦理冲突的管理风格与主体道德发展水平和困境内容也有很大的关系。瑞安（Rahim）等人研究发现，伦理冲突管理风格与道德发展水平之间具有非常密切的关系。[②] 他们的研究发现，与处于前习俗阶段的主体相比，处于习俗阶段和后习俗阶段的主体更多采用综合（integrating）的方式，而较少采用命令（dominating）与规避（avoiding）的方式，习俗阶段比后习俗阶段运用妥协方式的频率更高。关于中国文化背景下的道德推理和冲突解决方式之间的相关性的讨论，亦获得了相似的结论。[③] 相关研究发现，有关个人的诚实或公平的问题，教师倾向于采用个人对话的方式来解决，但如果事关学生与教师之间的言语或肢体上的冲突，教师大多采取完全或不完全商谈的策略。教师运用不同策略的原因可能和对学生的伤害、学科内容相关，也和宗教、社会或挫败感给教师带来的责任，以及对师生共同的伤害等有关。教师面对不同内容的事件，会采取不同的策略来摆脱社会道德困境。蒂里在对芬兰教师的实证研究中也曾提到这种情况。[④]

---

① 王晓莉、卢乃桂：《教师应对教学道德冲突的策略及其实证研究》，《课程・教材・教法》2011 年第 9 期。

② M. Afzalur Rahim, Gabriel F. Buntzman, Douglas White, "An Empirical of the Stages of Moral Development and Conflict Management Styles," *International Journal of Conflict Management*, Vol. 10, 1990, p. 154.

③ Irene Hau-siu Chow, Daniel Z. Q. Ding, "Moral Judgement and Conflict Handling Styles among Chinese in Hong Kong and PRC," *Journal of Management Development*, Vol. 21, 2002, p. 666.

④ K. Tirri, "Teachers' Perceptions of Moral Dilemmas at School," *Journal of Moral Education*, Vol. 28, No. 1, 1999, pp. 40 – 44.

2. 应对专业伦理困境的具体策略的相关研究

从上文研究可知，无论是对伦理困境的冲突解决还是理解伦理困境，主体的伦理水平和信念都是不可忽视的因素。可见，伦理困境的摆脱也有两种思路：一是提高主体的伦理水平，二是从困境的客观来源入手。由于许多伦理困境是结构性的，因而注定不可能从根本上消除，很多时候实践中的伦理困境是不可能摆脱的，需要的仅是处理而已。教师的困境有时会一直持续，有时会重复发生。[①] 在这种情况下理解伦理困境要比摆脱它更明智。同时，教师对伦理困境的理解是教师摆脱伦理困境的关键环节。

（1）理解伦理困境的理论模式

伦理困境的理论框架主要是依据伦理学理论建立起来的，对于教师来说，更理性地看待伦理困境中包含的伦理价值因素是理解和处理伦理困境的最初起点，只有了解了伦理困境的特性及所涉及的伦理维度，才可能从真正意义上理解伦理困境对自身的意义并以适当的方式应对伦理困境。斯特赖克（Strike）等人提出的效果论和非效果论分析框架，为教师客观地、理性地分析、理解和思考伦理问题提供了一个简便可行的依据。[②] 索伊（Soile Juujarvi）认为关怀推理的模式对教师专业实践中的伦理困境更具有解释力。[③] 奥泽也认为，教育情境中的责任判断不可能单纯依靠公正这一伦理理念来解决，关怀和真诚也是专业伦理的核心，应从公正、关怀与真诚三种视角来理解现实中的伦理问题。[④] 基于这三种伦理价值，他建立了理解教育问题和伦理

---

① N. Lyons, "Ethical and Epistemological Dimensions of Teachers' Work and Development," *Harvard Educational Review*, Vol. 60, No. 2, 1990, p. 168.

② 〔美〕肯尼思·A. 斯特赖克、〔美〕乔纳斯·F. 索尔蒂斯：《教学伦理》，洪成文、张娜、黄欣译，教育科学出版社，2007。

③ Soile Juujarvi, "Care Reasoning in Real-life Moral Conflicts," *Journal of Moral Education*, Vol. 35, No. 2, 2006, pp. 197–211.

④ 参见王晓莉、卢乃桂《教师对教学道德冲突的策略及其实证研究》，《课程·教材·教法》2011 年第 9 期。

困境的"伦理信念模型"。卡瑞斯泰德等人（Kierstead and Wagner）认为运用道德思维的三分法理论（Tripartite Taxonomy of Moral Thinking），① 也就是运用结果论、义务论和规则功利主义三种伦理价值对新任教师运用伦理判断的思维方式进行了实证研究，发现新任教师在做决定的时候大多依据规则功利主义框架。夏皮罗等人（Shapiro and Stefkovich）提出多重伦理范式的思路②来理解真实教育情境中的伦理困惑，这种范式认为可以从公正、批判、关怀、专业等四种分析维度入手研究伦理困境。多重伦理范式为复杂的伦理困境提供了一个更为广泛的理解方式。

胡苏和蒂里则提出要对现实生活中的伦理困境有一个综合的认识，③ 若从单一的视角来理解伦理困境，不可能对其有一个综合的认识。从不同的视角入手多方位地理解伦理困境非常必要，应该运用一种以上的理论方式检视和分析同一个困境。他们建构的多焦点分析模式可以有效地帮助教师理解困境，该模式包括三种相互联系的参照框架和相应的道德语言。在此基础上，胡苏提出了研究、理解和促进真实情境中教育实践伦理的方法：从教育的目的、义务和情境三种视角入手，以伦理理念、伦理权利与责任、伦理品格与意志等为参照点来理解教育实践中的伦理问题。④ 这种模式聚焦于事件和情境发生的条件，可将抽象的哲学理论转化到真实教育情境中，这些参照点也可以帮助教师在日常实践中进行伦理反思。此外，纳什（Nash）提出的三重道德语言也可帮助教师进行道德思考与决定。纳什认为，要引导

① Melo Patricia, "Ethical Conflicts in Teaching: The Novice Teacher's Experience," *Connections*, Vol. 3, 2003, p. 178.

② 参见 Joan Poliner Shapiro and E. Robert, Hassinger "Using Case Studies of Ethical Dilemmas for the Development of Moral Literacy," *Journal of Educational Administration*, Vol. 45, No. 4, 2007, p. 451。

③ J. Husu and K. Tirri, "A Case Study Approach to Study one Teachers' Moral Rejection," *Teaching and Teacher Education*, Vol. 19, 2003, p. 345.

④ J. Husu, "A Multifocal Approach to Study Pedagogical Ethics in School Settings," *Scandinavian Journal of Educational Research*, Vol. 48, 2004, p. 123.

教师思考三个层面的问题：精神—哲学、具体世界和机构的世俗多元世界。[①] 通过对"我的信念是什么"、"我是谁"和"共同的道德是什么"等问题进行反思，来理解"现实世界中的伦理问题"。要确定实践中哪些伦理问题对教师非常重要，从教师运用的语言来理解和解释教师对这些问题的理解。要聚集于教育实践的性质及独特的语言，并借此来理解并评价实践的伦理性。

可见，研究的关注重点已经从虚拟的教师专业伦理困境转向实践情境中真实的伦理困境。与虚拟的伦理困境不同，实践之中的情境因素更加复杂多样，因而对伦理困境的理解模式也在不断地丰富。以多重伦理理论视角来判定和检视实践中的伦理困境成为一种共识。

（2）解决伦理困境的具体策略

解决伦理困境的具体策略与理解伦理困境不同，它更多的是一种技术理性指导下的探讨和思考。尽管理解伦理困境具有根本性的意义，但技术上的支持对于实践的作用更加直接。解决伦理困境根本在于进行伦理判断和选择，建立在交流、沟通和对话基础上的方法更容易从根本上消除真实伦理冲突，构建出更多的可能性也是分析和摆脱伦理困境的主要环境之一。

奥泽提出解决伦理冲突的核心在于要让教师学会以"商谈和对话"的方式处理伦理冲突，实现这一目标的关键在于帮助教师构建一个理解专业责任的概念框架。胡苏等人从面对伦理困境时做出伦理判断的思维和过程出发，提出了解决伦理困境的思路与方式。沙皮拉则确定了减少伦理冲突影响的几种策略。[②] 第一，要与信任的人分享困境。第二，要建立减少伤害行为的制度结构。第三，教师要阐明自己的信念和专业伦理。第四，要承认困境的多重压力，接受压力。第

---

① 参见 J. Husu, "A Multifocal Approach to Study Pedagogical Ethics in School Settings," *Scandinavian Journal of Educational Research*, Vol. 48, 2004, pp. 124–126。

② Orly Shapira-Lishchinsky, "Ethical Dilemmas in Teaching and Nursing: The Lsraeli Case", *Oxford Review of Education*, Vol. 36, No. 6, 2010.

五，要为教师提供与困境相关的准备和支持。这些策略为摆脱伦理困境和促进教师专业发展提出了全面的要求。帕瑞（Perry）提出了一个实用的框架来评估和摆脱伦理困境，① 这个框架可用于引导道德主体进行谨慎的思考，从而降低个人后悔的概率。

此外，其他领域中对伦理困境解决策略的研究（见表3）也为教师应对伦理困境提供了有效的思路和方法。如亚瑟·安德森（Arthur Andersen）针对商业伦理课程提出的"伦理判断七个步骤"②、多戈夫提出的"伦理评估筛查法"和前美国社会工作者协会调查委员会主席凯瑟琳·墨菲（Kathleen E. Murphy）根据前人研究总结出的应对伦理困境的步骤等都是认同度较高的具体策略③。

**表3 伦理困境的解决策略**

| 伦理评估筛查法（多戈夫） | 应对伦理困境十步骤（凯瑟琳） | 通用策略 |
| --- | --- | --- |
| 判断哪个选择最大限度地保护案主和他方的权利福祉？哪个选择最大限度地保护社会的权利利益？思考做些什么可使各方权利利益的冲突减到最低？ | 1. 谁是主要的参与者？谁与情境相关？谁将受到影响？<br>2. 对情境进行道德或不道德的评估，考虑准备采取什么行动？是否有相关的法律问题需要考虑？是否有其他适用的标准？<br>3. 拟行动的背景是什么？ | 1. 识别问题和问题未得到解决的原因。<br>2. 识别涉及这一问题的所有人和机构（当事人、专业人员、支持系统、受害者和其他人）。<br>3. 决定谁应该参与做决定。 |
| 提炼与该困境有关的价值观，以及将作出决定有关的社会价值和专业伦理。 | 4. 拟行动的目的是什么？通过采取某种行动或不采取某种行动，预计会实现什么？<br>5. 可以采取哪些替代行动？每种选择的后果是什么？ | 4. 识别第2步找出来的人与当前问题有关的价值观，包括当事人和工作者的价值观。<br>5. 认定你认为一旦实现就可以解决（或减少）问题的目的和目标。 |

① Joshua E. Perry, "Managing Moral Distress: A Strategy for Resolving Ethical Dilemmas", *Business Horizons*, Vol. 54, 2011, p. 393.

② 参见蔡淑丽《专业伦理个案教学法的观察与反思》，1993，http://www.doc88.com/p-7468317631255.html。

③ 参见 Kathleen E. Murphy, "Resolving Ethical Dilemmas", *National NASW Committee on Inquiry*, http://www.naswma.org/displaycommon.cfm? an=1&subarticlenbr=114。

| 伦理评估筛查法(多戈夫) | 应对伦理困境十步骤(凯瑟琳) | 通用策略 |
| --- | --- | --- |
| 形成几种伦理选择。 | 6. 冲突的社会工作价值观是什么？有没有办法对价值进行"排序"(即预防伤害优先于增强自尊)？<br>7. 与所考虑的困境有关的其他价值观或道德哲学有哪些(一定要包括客户的个人价值观和其他相关方的职业价值观)？<br>8. 谁有责任做出决定？谁有权做出决定？谁应该参与决策？为什么？<br>9. 可能的解决方案是什么(必须至少包括两个)？ | 6. 识别可供选择的干预策略和干预对象。<br>7. 就认定的目标评估每个选择的效果和效能。 |
| 思考多大程度的选择可以既有效率效果又合乎伦理。选择什么可能带来最少伤害的策略。 | 10. 选择解决方案:详细说明所选择解决方案背后的道德推理,即为什么选定这一行动,如何以及为何这样应对价值观之间的冲突？这一建议的目的是什么？ | 8. 挑选最合适的策略。<br>9. 落实挑选出的策略。<br>10. 检查落实情况,特别注意没有预料到的后果。 |
| 是否考虑过短期和长期的伦理后果？ | 采取这个建议的期望是什么？不采纳这个建议会有什么后果？ | 11. 评估结果并识别额外的问题。 |

　　资料来源：①〔美〕多戈夫等：《社会工作伦理：实务工作指南》，隋玉杰译，中国人民大学出版社，2005；②Kathleen E. Murphy, "Resoloiuy Ethicall Dilemmas," https：www. naswma. org/page/114? &hhsearchterms = "Resoloiuy + and + ethical + and + dileimmecs"。

　　可见，目前实践中伦理困境的解决策略从根本上来说是一种理性主义指导下的伦理道德判断与选择的过程。在这一过程中，首先要对伦理困境中的伦理价值及相关关系进行澄清与考虑。其次，要形成可能策略。选择是自由的基础和前提，如果没有选择，就不可能对实践进行改善。在这一阶段，进行伦理与道德的想象非常重要。要考虑困境涉及的所有可能性价值、关系以及带来的可能性后果。再次，就是价值排序、价值筛选和选择。这一步骤的关键为对行为的根本目的的把握，只有从目的和理由出发进行价值排序，才能保证行为和选择的合理性。最后，对结果的反思。这一步骤对伦理主体判断和选择能力具有非常重要的作用。通过对困境处理的整体批判性反思，主体可以自觉、有效地积累相关经验，为日后工作提供理论和实践上的依据。因而，处理伦理困境的实质是对困境中所涉及的价值观念进行澄清、排序并筛选，对各种可能的做法进行反思、对比和比较，在此基础上做出最适当的抉择。

### （六）对已有研究的评述

从已有研究可以看出，教师专业伦理发展是现代师德建设的新形式。国外相关研究的重心已从最初的专业典章规范制度的建设转移到了教师主体的伦理素养与教师专业生活的伦理性上。但我国在教师专业伦理的建设过程中，重心仍旧在完善规范制度及对教师的外在要求与约束上，忽视了教师的日常伦理生活的意义，忽视了教师所遭遇的真实伦理境遇——伦理困境。

相较于国外的教师伦理困境研究，我国相关研究更注重思辨的论证，而缺乏相应的实证研究。也就是说，我国多数研究采用思辨分类、案例论证的方式。先从哲学的角度以逻辑的方式推论教师所面临的困境，再以具体实践中的案例或场景进行论证和说明。尽管这种方式保证了研究推论的逻辑性和严密性，但忽视了我国教师在面临伦理困境时的真实状况与感受，因而缺乏针对性和现实性。同时，国内的相关研究多以外国已有结论为基础进行推论和思辨研究，缺乏对我国具体情境进行理论观照与深入探究，不能全面反映我国中小学教师遭遇到的伦理困境类型，亦不能提出行之有效的应对策略来解决教师在实践中遇到的伦理难题。

国际上对教师伦理困境的研究已经不局限于解决伦理冲突这个单一目标，而是转向了教师对伦理冲突所蕴含的道德伦理意义和发生的条件、环境的理解，突出了在摆脱伦理困境的过程中提高教师的伦理水平和道德教育水平的目的和意图。国内相关研究多为理论演绎，把教师冲突所面临的伦理困境作为直接研究对象的文献并不多见，相关实证研究更不多见，这为本研究提供了后续研究的空间。此外，国外注重实证研究的传统，对医护人员、商业从业者、行政人员和教师专业实践中伦理困境的研究结论和方法，亦可为本研究提供有益的理论借鉴。

## 三　核心概念界定

### （一）专业伦理

本研究中的专业伦理是广义上的专业伦理，是指存在于专业角色和专业行为中，所有有关伦理、价值的议题，即指专业人员（包括教师）在进行专业活动、协调专业关系时对专业进行的伦理性考量，以及最终形成的价值规范与行为准则。广义专业伦理注重从教师专业活动和专业关系入手，强调专业主体对规范与准则的伦理自觉，突出了主体在专业伦理中的理性思维和实践维度。

### （二）伦理困境

本研究中的伦理困境是指教师在进行专业活动和实践中，面临几种不同的、相互矛盾的伦理价值，一时难以做出判断或抉择的情境。换言之，它是指专业核心价值与专业人员要求（责任与义务）之间发生了相互冲突，而教师必须判定哪种价值更值得选择。与理论探讨中的伦理困境不同，实践中的伦理困境虽然也涉及伦理价值冲突或两难选择，但由于实践情境的复杂多样性，实践中的伦理困境内涵更为宽泛。

## 四　研究思路与方法

### （一）研究思路

教师职业道德向教师专业伦理的转向并非否定以往的教师职业道

德建设，它意味着新视角和新态度的介入。本研究的重点不在于教师专业伦理规范的完善与建设，也不在于教师个体内在道德境界的提升，而在于帮助教师理解并解决专业生活与实践中所遇到的难题，在于通过对伦理困境的再认识来提升教师专业伦理素养。对教师专业生活中的难题与困境研究需要深入教育实践中去，了解教师对教育专业活动中道德性的认识与感受，理解教师面临的道德困境的类型和分析应对这些困境的策略。通过对这些问题的调查与分析，可以提出有效应对伦理困境的方法与策略，同时有助于教师更深刻地理解专业实践中的伦理价值及伦理议题。因而，本研究的主要目的在于丰富并扩展对专业伦理困境内涵及类型的认识，使教师能以合乎伦理的方式应对专业伦理困境。在不否定伦理作为一种尺度（道德评判）的前提下，强调伦理作为一种维度（识别道德）。这就将专业伦理的研究重心从对理论性的原理、规范、价值和原则等层面的探究扩展到专业实践、专业生活和专业行动之中。本研究认为从专业伦理维度的视角考查教师的专业实践与生活，不仅仅是根据某些伦理道德守则要求教师，而是以一种开放、平等、真实的态度对待教师，将教师的真实伦理境遇展现出来。因而，本研究从教师日常实践中存在的专业伦理困境入手，从专业关系出发对专业伦理困境的类型以及教师的应对策略进行实证调查。在深入全面地剖析引发专业伦理困境的原因后，提出摆脱教师专业伦理困境的路径与策略。具体来看，研究共有三个部分。

第一部分（第一章和第二章）聚焦教师实践中遭遇的伦理困境类型及教师应对方式的偏差。本研究运用问卷调查和教师访谈的方法对中小学教师进行调查发现，中小学教师实践中面对的伦理困境涉及学生、家长、同事、管理者、专业和社会等专业关系，其中绝大多数困境与学生具有直接或间接的关系。因而可以说，中小学教师面临的伦理困境多与如何对待学生和教育学生有关。对"如何利于学生发展"的不同回答是最突出的一种伦理困境，功利取向的学生发展观与人本取向的学生发展观之间的冲突几乎是一种不可调和的矛盾，给教师带来许多伦理困境。这种对学生发展的不同认识不仅表现在教师自身意识和教师之间，更表现在家长和教师之间。除了对学生发展的不同认识带来的伦理困境之外，"对谁负责"也是教师经常面临的困境，是对同事负责、对团体负责、对管理人员负责还是对学生负责困扰着实践中的教师。很多时候，同事、管理人员和团体会做出损害学生利益的行为或决定。从理论上和道义上来讲，教师应该坚决地站在学生的立场和不公正待遇抗争，然而当教师指出同事和上级的不恰当行为时，他又会被一种"背叛"同事和上级的情绪困扰。假如同事或上级因此而被问责，教师就会陷入不忠诚导致的同伴排斥和愧疚之中。国外相关研究将这种类型的伦理困境称为"忠诚困境"。此外，"如何对待规范"也是教师经常面对的伦理困境类型。许多教师认为，学校的规则过多过细，规则的泛滥约束了学生的发展。然而，如果打破规则又会给学生带来其他不良的影响，怎样对待规范成为教师的两难选择。教师们认为规范之间的冲突也给他们带来了困惑，坚持正义规范还是关怀规范是中小学教师经常遭遇的困境。面对这些伦理困境，教师一般会采用规避、委托给他人、单方决策、不完全商谈和完全商谈的方式应对这些困境。在面对虚拟伦理困境时，单方决策是教师最常用的方式，规避和委托给他人的方式出现频率最低，教师们倾向于采用商谈的方式解决较为复杂的伦理困境。然而教师访谈结果显示，在面对真实的伦理困境时，受情形和客观条件的限制，教师偏好方式与教师实践方式之间存在较大的差别。伦理困境内容对教师采用哪种方式应对起着巨大的作用。

　　第二部分从外在的社会环境和专业因素两个方面入手，深入地分析了引发中小学教师实践伦理困境的各种因素。宏观方面先从全球化带来的价值多元、社会转型引发的价值失序入手，对中小学教师伦理困境的时代背景进行概要性分析。又从新课程改革和知识制度入手，分析这两种场域对教师伦理困境的影响。微观层面从价值观冲突、教师的专业特性、专业服务对象的特性和教师专业素养等四个方面分析教师陷入专业伦理困境的具体原因。通过对多方位的原因分析研究发现，很多时候教师遭遇的专业伦理困境是由一些不可改变的客观因素或制度因素引发的，具有不可改变、不可逆转的特征。因而，在应对专业伦理困境时，不仅要消除和应对专业伦理困境，还要接纳那些不可消除的专业伦理困境，尽量发挥专业伦理困境的正向价值功能。

针对引发伦理困境的原因，本研究的第三部分从两个层面提出应对伦理困境的实践方式。从专业发展的层面来看，主要包括专业伦理支持体系的建立和教师专业伦理素养的提升。前者强调组建教师专业伦理组织、完善专业伦理规范和建立全面的保障体系等三个方面。后者关注教师伦理知识的增加和伦理能力的提升。要想更好地提升教师的专业伦理素养，就要采取行之有效的方法，关键事件法和案例法是最适合的教育方式。最后一章为教师解决具体的伦理困境提供了四种策略：伦理决策策略、实践对话策略、自我更新策略和复杂思维策略。这四种策略是摆脱专业伦理困境的四种方式和思路，它们不是非此即彼、你死我活的关系，而是四种备选方式或处理思路。

## （二）研究方法

### 1. 问卷调查法

问卷调查法以问卷的方式获得材料，这种方式既克服了实验需要控制条件的局限，又几乎不受时空的限制，研究对象宽、内容广，操作简便易行，因而已经是社会学研究中最常用的资料收集方法，被视为"社会调查的支柱"（艾尔·巴比语）。[1] 问卷调查中问卷的设计、样本的选择及数据的分析等每一个环节都直接影响着研究的质量和结论的信度。

在前期文献研究和个别教师访谈结果的基础上，本研究设计编制了问卷《中小学教师专业伦理困境调查问卷》（见附录1）。通过随机取样的方式抽取两所学校的56个样本进行试测，发现问卷具有较

---

[1] 刘电芝：《教育与心理研究方法》，安徽教育出版社，2011，第145页。

高的信度与效度，能达到研究目的。与此同时，几乎所有教师都回避了开放题目，这使问卷的开放问题部分形同虚设。根据试测结果和专家意见对初始问卷进行修改后，形成目前正式的测量问卷。问卷从教师专业实践的伦理困境类型及教师应对风格入手，目的在于调查在何种情境下教师会感受到专业伦理困境。在面对特定困境时，教师又会采用怎样的态度或策略进行应对。

调查问卷主体部分包括三个方面：教师的基本情况，教师对专业、同事及家长的伦理责任状况，教师应对师生间的伦理困境的偏好。教师基本情况中涉及 7 个变量，既包括教师个人的性别、教龄和学历等基本情况，也包括所教年级、学校层次及地区等客观因素。通过对这些因素和行为表现的相关性分析，考查这些变量对教师专业行为的影响。对专业性质及专业伦理规范的认知情况是反映教师专业伦理建设的重要外在指标，这部分的单选题均围绕专业与规范进行调查，以反映现实专业伦理发展的客观情况。调查问卷的第三个部分由六个涉及学生的困难情境组成，这些情境内含选择与判断的困难，由教师来做出自己的判断。可以从教师的判断风格入手分析教师的伦理水平及选择风格。为了便于数据的收集与分析，研究借鉴奥泽的专业伦理信念模型，将教师的策略分为六类备选选项。若教师认为自己的处理方式并不包含在这六个选项内，可将自己的处理方式写到题后的横线上，由研究者做进一步分析。

教师专业与其他传统专业不同，教师群体内部具有鲜明的阶段性和层次性。不同阶段的教师面对身心发展层次各异的学生，需要提供不同的教学内容、采取不同的手段，他们所处的专业环境也不尽相同。高校的教师不仅要承担教学责任，还要担负着发现真理与改变现实的科学研究和服务社会的职责。高级中学阶段学生与教师之间并没有法定的强制性关系，教师为社会或学生提供的是一种选择性服务。义务教育阶段教育则不然，义务教育阶段教师提供的是具有强制性的公共服务，所有适龄儿童都必须接受九年义务教育。也就是说，基础教育是以满足全体居民的共同需要为目的的，中等教育阶段是各种才能的显露和充分发展的时期，高等教育既是知识的保管者，又是知识的创造者，还是传播人类积累的文化和科学经验的主要工具。① 可以看出，三个阶段和层次的专业服务对象、手段、目的均有较大差别，因而，在研究过程中不能将教师专业看作一个同质性的实体，要按照其自身的特点和规律进行研究分析。

从整个教育体系来看，中小学阶段是基础教育的重要组成部分，人的基本价值观念、生活态度和思维能力都是在这一阶段奠定基础的。中小学教育是孩子"走向生活的通行证，它使享受这一教育的人能够选择自己将要从事的职业，参与建设集体的未来和继续学习"。② 中小学教育承担着为学生的人生奠基的重要任务，这个时期的孩子年龄较小、可塑性较强、分辨能力与自控力较弱、思维推理能力尚未完全成熟，因而这一阶段教育中的伦理维度与议题对儿童发展的潜在影响更为深远，该阶段教师亦背负着更多的伦理与道德责任。从这些方面考虑，本研究选择以中小学教师为研究对象，从中小学教师的专业生活与实践入手，探讨该阶段教师所遇到的伦理困境。

本研究的调查对象是中小学教师，研究重点聚焦于教师专业生活情境中的伦理难题和困境以及教师应对困境的方式，这就需要从教师的日常实践出发，采用调查的方式了解教师在真实情境中到底遭遇到了哪些类型的伦理困境，在遇到这些困境时，教师又是如何应对的。想要达到这个目的，访谈法和叙事研究法无疑是最恰当的方式。然而，考虑到不同区域、不同类型的学校，不同特性的教师在现实中会遇到不同类型的困境，单纯采用访谈法不能更全面地了解中小学教师遇到的伦理困境。因而，本书采用了问卷调查法和访谈法两种主要研

---

① 《教育——财富蕴藏其中》，联合国教科文组织总部中文科译，教育科学出版社，1996，第 107 ~ 123 页。

② 《教育——财富蕴藏其中》，联合国教科文组织总部中文科译，教育科学出版社，1996，第 109 页。

究方法，并辅之以教师叙事研究的方式进行补充。通过问卷调查和深度访谈收集资料后，对伦理困境的原因进行了深入的分析，并在此基础上提出了建议性的应对策略。

具体来说，本研究以重庆、四川、河南、广东四省市八所学校的中小学教师为调查对象，发放问卷 500 份，回收了 486 份，回收率为 97.2%。回收问卷中有效问卷 464 份，有效率为 95.5%。样本的基本状况分布详见表 4。

**表 4　调查样本的基本特征**

| | 被试特征 | 人数 | 占比（%） |
|---|---|---|---|
| 性别 | 男 | 136 | 29.3 |
| | 女 | 328 | 70.7 |
| 是否为班主任 | 是 | 90 | 19.4 |
| | 否 | 374 | 80.6 |
| 教龄（年） | 1~3 | 58 | 12.5 |
| | 4~6 | 44 | 9.5 |
| | 7~10 | 23 | 5.0 |
| | 11~15 | 102 | 22.0 |
| | 16~20 | 108 | 23.3 |
| | 20 以上 | 129 | 27.8 |
| 任教科目 | 语文 | 164 | 35.3 |
| | 数学 | 146 | 31.5 |
| | 英语 | 63 | 13.6 |
| | 其他 | 91 | 19.6 |
| 最后学历 | 中专（高中） | 9 | 1.9 |
| | 大专 | 113 | 24.4 |
| | 本科 | 321 | 69.2 |
| | 本科以上 | 21 | 4.5 |
| 学校层次 | 小学 | 192 | 41.4 |
| | 初中 | 272 | 58.6 |
| 学校所在地区 | 市县 | 283 | 61.0 |
| | 乡镇 | 181 | 39.0 |

资料来源：本研究的样本数据。

2. 教师访谈法

访谈法是通过与调查者面对面地进行交流、讨论进行搜集资料的一种方法。相对于问卷调查法，访谈法可以提供一个"深入挖掘、详细阐述和澄清术语的机会"，更深入地了解教师的思想与认识。调查问卷一般是从主观层面反映教师最后的选择结果，有时教师会隐藏自己的想法，有时会因各种原因而漏答，在面对伦理和道德问题时这一现象尤为突出。为了更加全面深入地把握教师在面对伦理困境时的想法，分析影响教师伦理决策的因素，本研究进行了大量的深入访谈。访谈主要从三个方面入手。其一，困扰教师的伦理困境包括哪些类型。其二，教师在应对伦理困境时主要是怎样做出决策的，他们会考虑哪些因素。其三，这些伦理困境是否会给教师带来伦理思考或审思。由于本书针对的是特定的事件或情境，因而采用了行为事件访谈（Behavioral Event Interview，BEL）的思路进行，即"通过寻找激发重大事件的关键事件，来解释深入的基本问题。访谈时不要求对象事无巨细的逐一叙述，而是聚焦于对自己影响的重要事件，以避免谈话过于琐碎或偏离主题"。[①] 访谈提纲（见附录 2）也是出于对这三个方面的考虑编制而成的。访谈对象是采用目的抽样的方法抽取的，既有优秀的班主任、优秀任课教师，又有那些在学校被孤立和受到排挤的另类教师，还有一些普通教师；既有刚入校的新教师，又有工作十几年的老教师。访谈方式主要包括电话访谈和现场访谈两种，每次访谈均不少于 20 分钟。由于既希望能深入了解学校教师的整体伦理状况，又想了解不同的文化氛围是否对教师的专业伦理状况有所影响。本书重点选择了四所学校（两所中学、两所小学）作为调查对象，其中每个中学抽取 8 位、每个小学抽取 4 位教师进行访谈（访谈对象情况见表 5）。访谈中仅有 6 位教师允许研究者录音记录。

---

① 刘电芝：《教育与心理研究方法》，安徽教育出版社，2011，第 150 页。

表 5　访谈对象基本信息

| 编号 | 性别 | 是否班主任 | 任教科目 | 教龄（年） |
|---|---|---|---|---|
| A1 | 女 | 是 | 语文 | 3 |
| A2 | 女 | 否 | 语文 | 5 |
| A3 | 男 | 是 | 数学 | 6 |
| A4 | 女 | 否 | 英语 | 2 |
| B1 | 女 | 是 | 数学 | 11 |
| B2 | 女 | 否 | 体育 | 7 |
| B3 | 女 | 是 | 语文 | 8 |
| B4 | 男 | 是 | 语文 | 7 |
| C1 | 男 | 是 | 语文 | 8 |
| C2 | 男 | 是 | 语文 | 9 |
| C3 | 女 | 是 | 英语 | 5 |
| C4 | 女 | 是 | 地理 | 12 |
| C5 | 女 | 否 | 英语 | 5 |
| C6 | 女 | 否 | 数学 | 5 |
| C7 | 男 | 否 | 生物 | 2 |
| C8 | 女 | 否 | 语文 | 1 |
| D1 | 女 | 是 | 政治 | 1 |
| D2 | 女 | 是 | 语文 | 6 |
| D3 | 女 | 否 | 语文 | 15 |
| D4 | 女 | 否 | 数学 | 8 |
| D5 | 女 | 是 | 语文 | 4 |
| D6 | 男 | 是 | 英语 | 5 |
| D7 | 男 | 否 | 历史 | 10 |
| D8 | 女 | 否 | 语文 | 11 |

资料来源：本研究的样本数据。

# 第一章
# 教师专业实践中的伦理困境类型

教师在进行专业活动时会面临各种类型的专业伦理困境，教师亦会以一定的方式应对专业伦理困境。以问卷和教师访谈的方式调查教师在实践中到底会遇到哪些专业伦理困境，可以很好地反映出教师遭遇的真实伦理情境。教师专业活动中面对的伦理困境类型非常复杂，教师访谈中谈及的伦理困境几乎都与学生发展相关，其中"什么才是更有利于学生发展的选择"、"应该对谁负责"以及"该如何对待规范"对教师的困扰最大。在我国的中小学教师中，班主任群体比其他非班主任教师经历了更多的伦理困境，这种情况无论是在班级管理和学生关系之上，还是在与同事、家长和管理者的关系之中均有显现。从教师所涉及的关系来看，师生关系不仅是教师角色的逻辑基础，也是教师伦理困境的"多发区"。

## 一 观念冲突困境：如何利于学生发展

对学生发展的不同认识是引发专业实践中伦理困境的核心问题。怎样做才最符合学生自身发展，这个问题并不存在统一的、放之四海而皆准的答案，对这个问题的不同回答会造成教师、家长采取截然不同的态度与方式。

## （一）功利取向与人本取向的矛盾

在现代教育制度中，功利取向的学生发展观集中体现在提高学生成绩的要求之上，应试教育可谓功利取向学生发展观的综合体现。人本取向的学生发展强调学生生命意义的扩展与人性的完善，它更注重学生的情感、精神与信念。功利取向的学生发展观与人本取向的学生发展观之间的冲突给教师（尤其是新任教师）带来了极大的困扰，是教师专业实践中最常见的伦理困境类型。

功利取向的学生发展一味追求优异的学业成绩，更高效率地传授知识，运用一切手段让学生掌握知识是现代学校与教师的"中心任务"。现代教育制度就是围绕着传授知识建立的一种规训机制。编写得十分精美的课程教材、展示知识的黑板与白板、层层筛选的考试机制，一切安排的目的都指向一个终极目标——将一切知识高效地教给一切人。知识之外的精神层面的教育，经常陷入"口头重要，行动不要"的窘境。由于"成人"① 不能作为一个整体的实在知识被直接传授，又因其主观性过强不易评价，在现代教育制度的框架中，它经常会沦为崇高的理想或响亮的口号，要么被架空，要么处于被遗忘的角落。然而，对于"成人"的人本追求却从未淡出过教师的视野，从学生时代接受的专业培养到职后进行的各类继续教育无不以人本取向为圭臬。这就使教师经常处于煎熬和纠结的伦理困境之中。

　　刚参加工作时，我就下决心要当一名既让学生学习得轻松，又让学生喜欢的老师。除了进行教学创新外，我不想像其他老师一样给学生补课，想把课外时间还给学生。我想更多地对学生进行一种人格的熏陶。一个学期过去了，班上的成绩出现了大幅度

---

① 鲁洁：《做成一个人——道德教育的根本指向》，《教育研究》2007 年第 11 期。

的滑落。当时感觉心里非常混乱。一方面，我想让学生更快乐地学习，另一方面，校长也建议我可以放学后将学生留下来多学习一下，多背诵一下，希望让我看着学生背诵，这样学生会背了，学习成绩也会提高了。再则，我考虑到，学习成绩退步、学生成绩不好对学生的自信心会有很大的影响，甚至还会影响以后的考试。另外，如果我继续运用教学改革的手段来促进学生提高成绩，短时间内也不会有较大的提升或改变。对于像我这样的新老师来说，刚工作学生的成绩就急速下降，会遭到学校同事和家长的轻视。最终我选择了像其他老师那样，下课后将那些没有背会的学生留下来补课，一段时间后，成绩有了一定的提高。（教师访谈 1-1）

从事教师工作12年了，虽然自己还是热爱这份工作的，可是最近一年却总是感觉到疲累，有一种想逃离的感觉。我已经连续在初三教了4年了，深刻感受到如今的孩子学业压力太大了，有时候我感觉自己不是在教育学生，而是在压抑学生。我们的学生每天埋首于题海中，在这样的教育模式下，学生可能仅仅获得了僵化的知识，失去了孩子们特有的创造性和个性。看着学生压力越来越大，我真感到非常的无力。（教师访谈 1-2）

访谈中很多教师都能意识到功利取向的学生发展观念存在很大的问题，功利驱动的学习过程已经严重地损害了学生的身心健康。他们也能意识到培养学生综合素养的重要意义，经常提到要关注学生的"情感、态度和价值观"。但正如教师所说，这个目标的实现既不容易，又费时间，还不见得有成效。由于这一目标强调学生心灵和主观的体验，不可能以强制的形式达到预期的目的，也不是一朝一夕就可以完成的。因而，教师们即便已经充分意识到这一维度的重要性，也会面对各种困难。知识和技能、过程和方法也是非常重要的课程目标，教师就有可能顾此失彼，并陷入深深的苦恼之中。

## （二）家长观念与教师信念的抵牾

很多时候，家长的教育观念和教师的教育信念并不能保持同步，有些时候还会出现较大的冲突与矛盾。家长和教师不同价值观念和对学生要求之间的张力给教师带来了困难。教师在面对这类困境时往往表现出一种无奈的负面情绪。

> 很多学生都是留守儿童，父母在外面打工，爷爷、奶奶在家带孙子，他们文化水平低不能辅导学生学习。他们认为只要孙子不生病，不饿、不冷就行了。就把学校当个托儿所，把孩子往学校一推就什么都不管了。（教师访谈 1 - 3）

> 有些家长只是一味要求教师提高学生的学习成绩，对学生的思想素质和综合水平的提高却不重视。我能理解家长的这种育人理念，毕竟在他们看来只有成绩好，能考上大学，才能有出路。遇到这种情况，我只能坚持继续推行素质教育和"有效教学"课堂研究模式。我会让学生多参与社会实践，在实践中证明自己，让学生多和家长谈心、交流与沟通，让家长看到学生的优点或者一些改变，慢慢改变家长的看法。（教师访谈 1 - 4）

> 现在村子里打骂孩子的现象还是存在的，有一次我们班有个学生犯了错，我打电话让他家长来学校把他领走。家长来了二话不说，就往学生身上招呼（打学生），我拦都拦不住。连学生犯的什么错误都不问清楚，就直接上手。从那以后，那个学生犯错时我都很纠结。（教师访谈 1 - 5）

> 很多家庭都只有这么一个宝贝疙瘩。一些家长盲目去宠爱自己的小孩，不懂怎么教育，导致这些孩子不知上进。想请家长帮忙管下孩子，他们直接跟我说，让我不用管他的孩儿，他就是想让孩子在学校长长个，长长身体，长长年龄，等毕业了就给他找个活干。（教师访谈 1 - 6）

我们班有一个学生从来不做家庭作业，他的家长早上又不亲自送孩子上学，总是叫读初一的哥哥把他带过来，还有很多次不履行家长签字的责任。作为班主任的我，给这个家长打了若干个电话，他总是找各种借口不来。我对这样的家长很是生气。如果不严肃对待这件事，今后的班主任工作难以正常开展。于是，我让学生亲自打电话把家长请来。要不然，就把学生送回家做完作业，再来上课。最后虽然情况有所改善，但家长还是不尽责任。现在想来，当时那样做尽管可以逼着家长认真管学生，但家长还是口服心不服，解决不了实际问题。如果以后再遇到类似情况，我可能会主动登门拜访，跟家长多交流下思想，让他们明确管学生的重要性，最好让其主动配合学校教育教学工作。（教师访谈 1-7）

家长的期望和教师的价值都非常复杂，从案例也可以看出，教师所面对的与家长之间的伦理困境同样不能简单描述。有的家长对学生在校的表现漠不关心，他们只是把学校当成一个放置孩子的场所；有的家长只关心学生的单一方面，如学生的成绩，或学生的生活需求等；有的家长过于严苛，不懂教育规律。在调查中，还有一部分家长不满意教师的教学和管理，会直接跟教师提出，或者向校长或上级主管部门反映。以上这些情况都可能给教师带来困惑。

家长期盼与教师信念之间的冲突很多是由于教师与家长立场不同引发的。同一个孩子对教师和家长的意义具有重大的差别，教师和家长对孩子的认识和感情也有所不同。"对于学生家长而言，孩子是一个特别的、应受重视的人；对于教师来说，他是'学生'范畴中的一员。"[1] 因而，对于教师来说，公平公正地对待每一位学

---

① 参见〔美〕丹·克莱门特·劳蒂《学校教师的社会学研究》，饶从满等译，人民教育出版社，2011，第182页。

生是他的专业责任，这种做法不仅是确保班级正常运行和良好班风的前提，还是教师角色带来的责任要求。但有些家长想让教师对自己的子女特殊对待，这就会给教师带来一定的伦理困境。这种困境在中国"熟人社会"的背景之下更为突出，在访谈中青年教师与家长相处时困境较多，尤其是那些刚进入工作的青年教师，经常左右为难。教师中班主任这一群体也很容易面临这类困境，因为班主任在班级中的权利最大，和学生接触的时间最长，对学生的影响也最大。

处理与家长的关系并不那么简单，越是小城镇，这种类型的困境就越多。一部分家长会通过"中介人"和教师交往，家长的这些社会关系给教师带来了一定的压力。正如劳蒂所言，"教师可能被迫在家长的介入（parental initiation）与自身的规则之间作出选择。如果有几个家长提出了相互矛盾的请求，这种情况就会变得更加复杂，……学生'属于'家长而不是属于教师这一事实会加剧深层的张力。教师正在试图建立和维持一种与一些人之间的社会秩序，而对于这些人，教师所具有的权力是有限的、具体的、受特定地点限制的"。① 教师不仅是学生的教师，还是一个社会关系网上的节点，他除了要面对学生之外，还要维持自己的社会关系。这种维持关系的需要和教师自己的一些准则之间的张力会让教师陷入左右为难之中。当然也有一部分老师表示，和家长聚餐可以更好地沟通。

对于这类教师来说，和家长一起吃饭并不会影响自己对待学生的态度，他们只是把吃饭当成一个深入了解学生的途径和渠道。因为教师还是希望和家长建构一种合作的气氛，希望通过与家长合作共同促进学生的发展。

---

① 参见〔美〕丹·克莱门特·劳蒂《学校教师的社会学研究》，饶从满等译，人民教育出版社，2011，第 183 页。

## 二 忠诚冲突困境：对谁负责

教师作为一种社会分工群体，不仅要对学生和家长负责，还要对同事、教师共同体、专业和社会负责。对"对谁负责"不明确或在某一情境中不能同时处理多种伦理关系就会给教师带来伦理困境。国外研究者把这种伦理困境称为"忠诚困境"，认为忠诚困境也是专业人员经常面临的专业伦理困境类型，对谁忠诚是教师作为一个专业人员经常要面临的选择。正如库珀所说，"困惑通常是在同事间产生"。① 涉及同伴的忠诚问题是教师之间"引人瞩目的伦理困境催化剂"。

### （一） 对同事负责还是对学生负责

教师与他人之间的专业伦理困境主要指教师与同事之间的伦理困境、教师与家长之间的伦理困境和教师与管理者之间的伦理困境三个维度。哈格里夫斯对教师同事间的情感进行的专项研究显示，教师和同事间的积极情感和相互认同对于教师来说具有重要的作用。当同事赞同自己的观点，同事之间具有共同的目标并能够互相帮助，或感觉到好像婚姻生活一样和谐时，就可以激发教师的积极情感。教师最不喜欢的事情就是与同事发生冲突，他们大多会尽可能地避免与同事产生分歧，一般也不会主动挑起争端。② 换句话说，教师即便对他（她）的同事的言行举止有所不满，也会尽量避免直接指责同事，以维持同事之间和谐的关系。面对同事不公正地对待学生时，一部分教师内心不认同，但他们大多时候选择保持缄默，在这个选择的过程中，这些教师会感受到不同程度的伦理困境。

---

① 〔美〕特里·L. 库珀：《行政伦理学：实现行政责任的途径》，张秀琴译，中国人民大学出版社，2001，第 8 ~ 18 页。
② A. Hargreaves, "The Emotional Geographies of Teachers' Relations with Colleagues," *International Journal of Educational Research*, Vol. 35, No. 5, 2001, pp. 503 – 527.

一般来说，教师都会有自己管理班级和课堂的风格或习惯，别的教师不会去干涉他们的教育教学行为。只要老师们不主动求助，即使是班主任也不会越俎代庖去干涉其他教师。干涉和阻止其他教师的教育行为会被大家视为多管闲事、爱出风头或讨好学生。向上级领导、校长及其他管理者反映同事的不当行为，会被当作告密者而备受指责。因而，当有些教师出现不当言行和过度惩罚时，部分旁观教师会感受到自己处于忠诚和正直的张力之中。这其实就是索科特曾经提到的教师需要面对，而且也许是不知道如何面对的棘手问题："教师是否应该毫无疑问地尊重同事的权利，尊重他们在课堂上的行为表现？共同负责与对低效或者不道德的容忍之间存在什么样的界线？"①

　　我们学校是集体办公，老师们经常在办公室里教育学生。有时看到老师对学生"咬牙切齿"时，我心里总是很不舒服，认为这种批评或惩罚对于小孩子来说太伤自尊了。但每当老师们劈头盖脸地声讨学生时，我也鼓不起勇气去干涉他们。有一次我实在看不过眼了，就上去婉转打断了。那个老师是我们学校的优秀班主任，每年她带的班成绩都很好。班上学生的字体也比其他班好，很多家长都找关系进她班。其实她的秘密武器就是严厉。那次是她刚接了一个新班。一年级刚入校的学生整体来说还是比较听话的，但有些学生自制力不是太强，一不小心就忘乎所以了。上音乐课时，她们班的一个捣包（淘气包）被音乐老师赶到外面罚站。她一看到这个情况，二话不说，就把学生扯进了办公室。学生趁同事进办公室门口时，用手去拽同事的手，要从她手里挣脱出来。这就更惹恼了同事，她就想再去抓这个学生。我怕出其他问题，就赶紧上前拉住那个学生，询问他怎么回事。这才

① 〔美〕约翰·I.古德莱德、〔美〕罗杰·索德、〔美〕肯尼思·A.斯罗特尼克主编《提升教师的教育境界：教学的道德尺度》，汪菊译，教育科学出版社，2012，第200页。

算把这个事打断了。同事批评学生一顿就让他到办公室外面站着了。从那以后，同事见了我不怎么理我了。虽然在这件事上我并不后悔，但在一个办公室，低头不见抬头见，整得这么尴尬还是感觉很不舒服。（教师访谈1-8）

评定职称时我与同事之间产生过矛盾。我和那个同事都应该评中教一级了，我们两个人具备的条件差不多。她比我工作时间长，做班主任的经历也长些，我是各种证书和比赛比她多一些。现在评职称已经不再像以前那样按资排辈了，所以我的胜算要大一些。结果评下来我反而被刷下来了。后来我有个好朋友得知她觉得自己资历比我老、年龄比我大，但怕在文章和证书上比不过我，有可能通过非正当手段发了几篇文章，一下子就把我比下去了。（教师访谈1-9）

有一次考试过后，有几个家长给我打电话向我投诉。说数学老师脾气不好，现在学生非常害怕数学老师，已经失去了学习数学的兴趣，成绩一落千丈，让我想办法。作为班主任的我非常为难。像这样的情况又不是一次两次了，我已经婉转地劝过数学老师很多次了，但也没有什么效果。学生的思想工作我也做过，结果有些学生娃儿就认为我和数学老师是一头的，再有问题也不跟我说了。现在家长又是火冒三丈的，我就只能尽力跟家长沟通，安抚家长，多跟家长说说数学老师的好话了。（教师访谈1-10）

这种场景涉及典型的同伴忠诚问题，是库尔奈鲁德所说的教师之间"引人瞩目的伦理困境催化剂"，蒂里与胡苏对芬兰教师的实证研究中，有三分之一的案例都涉及这种困境类型，① 加拿大伊丽莎白的研究也显示，"教师不仅对公开对同事提起诉讼表现出抑制，而且甚

---

① K. Tirri and J. Husu, "Care and Responsibility in the Best Interest of the Child: Relational Voices of Ethical Dilemmas in Teaching", *Teachers and Teaching: Theory and Practice*, Vol. 35, No. 5, 2002, p. 72.

至在非正式和私人的场合面对同事也是犹豫不决的"。[1] 本研究的问卷数据也显示，当看到同事以不恰当的方式对待学生时，有70.9%的教师认为很不应该，会想办法阻止。有19.1%的教师觉得很不应该，但不会阻止。在这种涉及认知与行为不一致的情形中，教师一般都会经历内心的冲突。从本研究的访谈数据来看，教师所提到的关于同伴忠诚困境的数量也不少，比例也不低，数百个案例中，有十余例涉及教师忠诚的情况。有的教师表示，尽管经常看到学生被训斥、罚站，但也能理解当事教师的心情。访谈中有老师表示："我虽然有些不赞同同事的一些过激做法，但我很能理解他的心情，现在的学生实在是太会气人了，不在学生中树立一些威信就不行。再说，同事管学生也是为了学生好，这是一种负责任的表现，最怕的是那些不管学生，一点都不负责任的老师。那些老师才应该反思。"这种情形的形成不仅与我国崇尚"和""中庸"的传统文化有关，也与我国"严师出高徒""棍棒之下出孝子"等的社会意识有关，更与教师的专业素养有关。当教师不具备专业管理能力和交往能力时，教师只能依据经验性的方法，依靠外在惩罚的手段管理学生。除了教师忠诚困境之外，教师谈及的同事间伦理困境，还涉及是否拒绝同事的要求和教师之间持不同价值观念等类型的困境。

> 我个性比较温和，对学生要求也不是太严格。班级的班主任就找我，希望我在管理班级时要有点脾气，对学生的作业要求更严格一点。她说："你这样要求我班的学生，就是对他们不负责任，他们要跟别人站在同一个起跑线上竞争，也应该和其他班的学生一样，有更多的作业和任务。"此后，我更加严格地要求学生，但是始终达不到她满意的那个程度，所以在和她一起工作

---

[1] 参见〔加拿大〕伊丽莎白·坎普贝尔《伦理型教师》，王凯等译，华东师范大学出版社，2011，第101页。

时，总感觉她的目光中流露出不满的情绪，这让我感到很不自在。（教师访谈1-11）

问卷调查数据显示，当面对同事提出的不合理或有违专业伦理规范的建议时，有19.8%的教师认为影响不好，但还是会碍于面子同意同事的提议。当然也有一部分教师不仅能意识到同事要求的不合理性，还能坚持自己的原则。对于这些教师来说，是否忠诚于教师职守并不会困扰他们。对于他们来说，维护和坚持他们自己所遵循的原则更为重要。他们会以开放的态度将自己的感受表达出来，非常自信地坚持自己的想法和做法。但这些教师在学校团体中通常是被"疏离"的对象。

> 我们学校地处农村，有一定比例的住校生活补助，我有一个同事三番五次找到我，叮嘱我给他亲戚留个名额。他的亲戚家庭条件不错，怎么排也排不上的。如果把补助发给学生，会破坏班级的公平和诚信，还会让那些更需要补助的同学得不到应有的福利。但不给同事留名额，有可能会得罪他。最终我还是按照学生家庭条件的实际情况来安排这些补助。如果现在再遇到这些事，我依然会坚持我的原则，在班上树立纯正的班风，树立老师公平、公正的带班理念。我认为，教师的一言一行都是学生眼中的榜样，所以我会以更高的要求来约束自己的行为。（教师访谈1-12）

可见，不同教育理念和教师信念间的差异也可以成为教师伦理困境的潜在动因。当同事提出不合师德的要求时，应该如何面对；当与同事有不同理念并被要求改变时，应该如何选择；当学生的发展受到同事影响时，是否应该冒着被孤立或其他未知风险举报同事都会给教师带来伦理选择的困境。教师与同事间的专业伦理困境不仅可能来源于某一个同事表现出的不道德的行为，源于教师要在竞争与合作之间进行选择，还源于教师个体和集体观念、价值、文化的不一致或冲突。

　　尽管教师都倾向于维持和谐、正向的同事关系，但在绩效唯上的文化氛围之中，教师之间的竞争也会激起同事之间的紧张关系。同事之间的竞争关系大多表现在任教"同头课"和"同科"的教师上。在现代教育体制中，班级是学校的基本组成细胞，学校以班级为单位对教师进行评定，班级的整体纪律表现和成绩（平均分、优秀率和及格率）都是衡量班主任及教师的重要标准。班级也因此而成为划分教师归属、决定教师之间伦理关系的重要因素。在以绩效（主要指学生学业成绩）为核心的评价体制中，学生的成绩不仅是学生的生命线，也是教师"优秀"程度的指示器。按成绩标准来衡量教师，必然会造成教师之间激烈的比较与竞争。学校内部教师之间的竞争大多发生在"同头课"的教师之间。"同头课"是指那些教同样科目和相同年级的老师，语文、数学、英语等主科教师，大多担任一到两个班级的教学工作，一个年级如果有八个班级就会有四到八位教师教授同样的课程内容，这就会造成他们之间的直接竞争。为了便于教师之间相互交流，一般"同头课"的教师会被安排到同一个办公室办公。但这些老师大多不会直接讨论与教学内容相关的问题，话题多集中在衣着和家庭琐事之上，偶尔会有教师向对方请教某一个知识点如何讲解之类的问题。整体来看，办公室"同头课"教师之间的合作还面临着诸多问题。这就给那些乐于合作的教师带来了一些困扰。

　　目前，教师之间并不缺乏形式上的交流与合作，但"单打独斗"的教师还是占大多数。教师处于同一结果或目标导向的相互竞争的绩效文化之中，相互之间的竞争似乎是一种必然。但同事之间的疏离、排斥又不符合教师的心理安全和相互依存感的需要，因而，教师经常会处于竞争和合作之间的张力之中。20 世纪 30 年代初，美国学者沃勒（Willard Waller）就指出，"在学校孤立主义的文化模式和垂直控制的管理模式下，生活在其中的教师不仅与社区生活是隔绝的，而且教师同事之间的关系也是隔绝的，甚至可以说是相互敌对的"。① 40年后，美国学者劳蒂认为，"个人主义"是教师社会化的主要特征，教师之间相互漠不关心，教师之间的交流处于教师日常工作的边缘。"教师并不共享一种强有力的技术文化。教师的主要精神报酬是在孤立于同事的情况下获得的。"② 但劳蒂同时强调，教师之间的关系是非常复杂的，"在描述这种关系的过程中应该避免使用非此即彼的简单化术语。……教师之间存在着某种张力——即在对边界的渴望和对帮助的探求之间存在的张力"。③ 教师既要保持自己的独立自主性，具有自己的专业空间，又渴望和同事维持亲密的关系。这两种需要之间的张力经常会使教师处于伦理困境之中。

同事之间关系的重要性不言而喻，对关系的重要性也不能做出随意论断。同事既可以成为教师不同价值的来源，成为提供支持和帮助的一种来源，又可能充当教师自我评价的外在标准。但在不同的教育体制和文化氛围之中，教师之间容易形成极为不同的同事关系。在目前这种以竞争与绩效为核心的文化氛围下，教师必须通过和同事的对比才能证明自己的优劣。评判教师并不是靠教师的绝对成绩，班上学生的成绩高低，而是靠教师之间相互比较的相对成绩。大家都考得好，那就看哪些老师考得更好。这种相互之间的比较和竞争所带来的教师间的紧张关系会压抑或削弱教师对友好、合作的期望和追求。

## （二）对行政管理人员负责还是对学生负责

学校行政管理人员拥有配置学校内部各种资源的权力，包括聘

---

① 参见朱旭东主编《教师专业发展理论研究》，北京师范大学出版社，2011，第208页。
② 〔美〕丹·克莱门特·劳蒂：《学校教师的社会学研究》，饶从满等译，人民教育出版社，2011，第186页。
③ 〔美〕丹·克莱门特·劳蒂：《学校教师的社会学研究》，饶从满等译，人民教育出版社，2011，第186页。

任教师的人事权。当行政管理人员做出有违学生权益的决定时，对行政管理人员负责还是对学生负责就成为教师面临的伦理困境。学校作为现代的"教育实体"（陈桂生语），是一种具有层级结构的组织形式，教师处于管理层级中的底层。一般来说，学校中的行政性组织机构包括校长办公室、教务处、政教处、总务处、教研组和年级组，非行政性的组织机构有党支部、工会、教代会、共青团、少先队等。每一个机构（尤其是行政机构）都有自己特定的工作范畴，教师处于各种行政性和非行政性的组织的领导或管理之下。虽然现在学校并没有聘任教师的人事权，但学校的各个机构通过一系列详尽的规范全方位地控制着教师。它通过对教师的工作进行评价和调控教师的绩效工资等手段密切注视教师日常的工作表现。由于行政机构数量众多，就形成了以校长为首的学校管理群体。对于教师来说，这些管理者（尤其是校长）掌握着职称评定、奖优惩劣的权力，掌握着学校内部各种资源的分配。"他把教师安排到某个班级，也把学生指派给某个教师……对于学生管理，校长是最终的权威。材料、空间和设备的分配都是通过校长办公室来处理的，日课表也是在校长的监督下编制出来的，总之，校长所作出的一次决定能够影响教师数个月的工作职责……对教师来说校长才是分配非常重要的资源（包括时间）的人。当教师试图争取更多对于工作条件的控制权的时候，他们很可能与校长的特权发生冲突。"[1] 劳蒂所提到的这类教师对自主性和校长的特权之间的矛盾在我国表现得更为突出。由于我国学校的管理人员大多由上级领导和教育行政部门直接任命，向上级负责，把上级的事情安排好，做出成绩给上级看成为学校中的一种"常态"。管理者又倾向于将自己看作学校的权威或发号施令的人。他们要求教师服从命令，配合他们的工作，完成他们的各种

---

[1] 〔美〕丹·克莱门特·劳蒂：《学校教师的社会学研究》，饶从满等译，人民教育出版社，2011，第190页。

种要求。教师和学校管理者这种单向的关系，使教师处于持续的压力之下，当学校管理者为了学校集体的利益而侵害个人利益（教师或学生利益）时，就会给教师带来难以克服的伦理困境。

# 三　立场冲突困境：如何对待规范

在学生社会化的过程中，规范或规则起着重要的作用，教会学生学会遵守秩序与规则是教师的职责之一。然而在现实生活中，有些学校的校规和班规多如牛毛，使教师不知以何种态度对待这些规范。规范之间的冲突也给教师带来了现实的困惑，坚持正义规范还是关怀规范是中小学教师经常会遭遇的困境。

## （一）是否遵守规范的冲突

目前，学校中的规范大多是依据工具理性和管理主义建立起来的，以工具理性和管理主义建立起来的现代教育制度呈现规则泛滥的特征。人文主义和人道主义以一种反科技理性的姿态逐渐复兴，世界范围内以"人"为本、以学生生命为本的教育改革亦此起彼伏。在我国，教师教育和新课程改革的新理念给教师带来了美好教育憧憬，营造一种更符合学生天性的教育氛围成为一些教师的梦想，这一梦想使他们迫不及待地想把自己的理念转化为实践。亲密无间的、平等互爱的师生关系；共同探寻知识的过程；具有生命活力的课堂生活……但在教育实践中，这些新的理念和课本上的理论往往无法顺利地转换为行动，新的理念与旧的习惯之间的冲突使教师无所适从，无奈之下他们只能回归到传统的、经验的管理方式。

对于教师来说，安静有序的课堂氛围是提高教学效率的切实保障，在教学过程中对课堂纪律的掌控力是评价教师的重要因素之一，能管好班亦是优秀班主任的重要标志之一。如果一个教师连班级都管不好，就谈不上会有好的教学。而"纪律的实施必须有一种借助监视而实行的强制的机制。在这种机制中，监视的技术能够诱发出权力的效应，反之，强制手段能使对象历历在目"。① 在现代性教育中管理或多或少与控制和规训相关。从教学空间来看，教师授课所在的讲台要高于学生，讲台不仅将教师和学生隔离开来，更可以充当一个便利的"监视站"。这种安排有助于教师对学生的监督和控制，便于教师发挥其权力的作用，有助于教师更好地了解学生并改变他们。"完美的规训机构应能使一切一目了然。中心点应该既是照亮一切的光源，又是一切需要被了解的事情的汇聚点，应该是一只洞察一切的眼睛，又是一个所有的目光都转向这里的中心。"② 在课堂之中，传授知识的教师就是这个机构的中心。教师在讲课的同时观察和掌握每一位学生的表现。此外，"监督的细节被明文规定，监督进入教学关系之中"。③ 教学本身，通过教学活动、获得知识和层层监督这三个维度结合为教学机构的单一机制。"一种明确而有规则的监督关系被纳入教学实践的核心。这种关系不是一个附加的部分，而是一种内在的、能够提高其效能的机制。"④ 对学生的监督和控制多是以"教育的名义"进行的，教育的目的在于改变学生的不良言行，使他们成为"优秀"的学生。即便这样，有些教师也敏锐地意识到这种监控式管理方式给学生带来的不良后果，致力于对民主方式的探寻。

控制学生和将学生作为一个具有人格尊严的人来尊重是两种截然不同的伦理价值，这两种表现形式有可能都是出于教师的"善意"。

---

① 〔法〕米歇尔·福柯：《规训与惩罚：监狱的诞生》，刘北成、杨远婴译，生活·读书·新知三联书店，2003，第194页。
② 〔法〕米歇尔·福柯：《规训与惩罚：监狱的诞生》，刘北成、杨远婴译，生活·读书·新知三联书店，2003，第197页。
③ 〔法〕米歇尔·福柯：《规训与惩罚：监狱的诞生》，刘北成、杨远婴译，生活·读书·新知三联书店，2003，第200页。
④ 〔法〕米歇尔·福柯：《规训与惩罚：监狱的诞生》，刘北成、杨远婴译，生活·读书·新知三联书店，2003，第200页。

对学生严格控制，将知识有效地传递给每一位学生，使他们在进行竞争时处于优势位置，也是从学生的利益出发来考虑的。尊重学生的人格，将他们当作鲜活的生命，有情绪、会犯错、有性格的生命体来对待，在尊重学生的前提下引导并激发学生学习的兴趣，这也维护了学生的根本利益。而且，对于尊重学生的教师来说，缺乏控制的学生群体可能会带来意想不到的不良结果。对于严格控制的教师来说，缺乏尊重会在无形中压抑学生的生命活力。在现实中，一般不会有完全推崇控制或完全崇尚尊重的教师，教师总是在两极之间徘徊摇摆，试图寻找一种平衡的状态。

## （二）遵守何种规范的冲突

规范总是以某种伦理价值为基础建立起来的，对于教师来说，公正规范与关怀规范之间的冲突是教师最常遇到的情形，是遵循公正规范，保证规则的普遍性和正义性，还是遵守关怀的要求是教师经常面临的伦理困境。公正作为处理人与人之间关系的原理包含关系性公正和公共性正义两重含义。① 教师公正通常属于前者，是指人际关系尤其是师生关系的合法性原理。公正伦理的核心在于"给同样的事物以同样的待遇"（西季威克语）。当然平等对待人并不意味着完全没有差别，它要求"对于他人的善生活作出同样相应的贡献（平等的帮助或根据需要的帮助）；或要求他人作出同样相应的牺牲（这是根据能力的要求）"。② 可以看出，公正不仅强调分配过程的程序公正，

---

① 赵汀阳：《论可能生活：一种关于幸福和公正的理论》，中国人民大学出版社，2010，第162页。赵汀阳认为公正（或称正义）一直都有着双重意义：表达人际关系的合法性原理是公正（justice，类似中国传统概念"义"），表达某种公共单位（制度、文化、世界、国家、民族和各种共同体）的合法性原理是正义（Justice，类似说"大义"）。前者是关系性公正，是关系的普遍合法性；后者是公共性正义，是公共事业的合法性。

② 〔美〕威廉·K.弗兰克纳：《伦理学》，关键译，生活·读书·新知三联书店，1987，第106页。

还要求结果的实质性公正。包含程序公正与实质公正的公正原则，是社会公共事业中处理人与人关系的第一原理。由于教育是一项由国家举办的具有公共性质的事业，教师的社会代言人这一角色要求教师公正地对待每一位学生。因而，教师要"着眼于实际或实质意义上的公正而不完全拘泥于形式上的公正。教师对学生的公正的主要含义是在教育活动中对学生持民主与尊重的态度；对不同性别、年龄、出身、智力、个性、相貌以及关系密切程度不同的学生能够做到一视同仁、同等对待，不以个人的私利和好恶作标准"。① 显然，要做到在教育实践中公正地对待每一位学生并不如想象得那么容易，教师经常被迫在公正与关怀之间徘徊，这种情况给很多教师带来了困扰。

关怀伦理学又被称为"女性伦理学"，它是科尔伯格的弟子吉利根（Caral Gilligan）在 1982 年出版的《不同的声音》一书中提出的理论。诺丁斯（Nel Noddings）以关怀视角，从人与人之间的相遇和互动入手，扩展了关怀伦理学研究范畴。与公正伦理要求平等对待他人不同，关怀伦理"关系到慷慨、和谐、顺从和努力维持密切关系"。② 维持人际密切关系，关心弱者的权益是关怀伦理的根本要求之一。吉利根等认为"关怀视角关注疏离或遗弃的问题，提出一种关怀并对需求作出回应的理想"。③ 关怀伦理从女性主义的角度出发，强调对人的关心和照顾，珍视人与人之间亲密关系的维系，倾向于站在他人的视角来考虑问题并保护处境不利者。正如台湾学者简成熙所说，正义伦理和关怀伦理最明显的差异在于前者强调对普遍性原则的追求，后者重视对情境的考量。尽管有学者认为应该平衡这两种伦理价

---

① 檀传宝：《教师伦理学专题——教育伦理范畴研究》，北京师范大学出版社，2010，第 71～72 页。

② 〔美〕雅克·蒂洛、基思·克拉斯曼：《伦理学与生活》，程立显、刘建等译，世界图书出版公司，2008，第 45 页。

③ 〔美〕吉利根等主编《描绘道德的图景》，季爱民、杨启华译，教育科学出版社，2011，第 93 页。

值，并使两者互补。但从根本上来看，公正和关怀仍是两种不同的道德倾向或道德图景，人们在进行伦理选择和判断的过程中，会以这两种视角来看待和理解困境，在做决定时以一种倾向为指导，尽管这种选择有时只是个人看待问题的偏好，但公正伦理与关怀伦理之间所存在的张力却是客观存在且不能完全消除的事实，很多时候两者往往呈现角力之势。许多教师在教育教学过程中会感受到两者之间张力的困扰。

　　我们班上的学生李某，几乎每次都完不成作业。跟他的家长联系，家长也是不闻不问，认为自己的孩子只要按时上下学就行，作业做不做都无所谓。我也了解到他的家庭经济状况不好，家里还有一个弟弟，他在家里也不受重视。面对这种情况，我知道要让他在学校得到更多的温暖和照顾。因而对他就宽容很多，他的作业完不成，我也不再批评他了。

　　有一天，另外一个同学王某作业连续两天都没有完成，我刚说了他两句，他就很不服气地说："你为什么不批评李某？他作业几乎都没有完成，怎么就抓住我不放呢？"最终，虽然王某的作业问题顺利解决了，但我不知道以后应该如何对待李某了。

　　由于注意到李某缺乏关爱而对他照顾，但在其他同学看来，我没有做到一视同仁。我应该一视同仁吗？不是应该差别对待吗？但这样是不是对没有受到照顾的同学就是不公平呢？对他的特别照顾会不会破坏班级的规则呢？

　　最终我让他的家长出具了不写作业的证明书，这样可以很好地维护班规和我的威信。但也给那位同学造成了一些交往方面的问题，尽管原本他就没有什么朋友。我不知道这样做对不对？如果再碰到这样的问题，我也不知道应该怎么选择才是最好的。

（教师访谈 1－13）

教师在面对学生时，不仅要以公正的态度面对他们，还要考虑每个学生所处的真实情境和背景，进行因材施教，这经常给教师带来困扰。罗尔斯在《正义论》中提出的"正义原则"强调，"在与正义的储存原则一致的情况下，适合最少受惠者的最大利益（差别原则）"。这其实是对弱势群体的关注，关怀伦理同样也关注疏离和遗弃的问题。但两者从根本上来说仍有较大的区别，前者是从理性主义方面的考虑和权衡，遵循的是利益最大化这一原则，弱者的权益应受到保护，但在某些条件下是可以算计和超越的。关怀伦理的着眼点在于具体的个体，在于对弱势个体的同情与关爱，在于对其处境的思考和关注。因而，教师在面对"跟班就读"的弱势孩子时，在面对一些肢残者、轻度智障者、弱视者和重听者等残障孩子时，就会遭遇到公正与关怀视角带来的紧张和冲突。

> 我在担任三年级语文教师时，遇到一个学生天生智力低下、精神有点失常，上课从来不听老师讲课、无视老师的存在，书不会读，字不会写，更谈不上做作业，还不时跑离座位干扰别的同学学习。这事一直使我左右为难：要管也不是，不管也不是。要管，精力白费，怕家长有意见，还会耽误其他同学的学习；不管，他也会影响课堂纪律。后来我与家长取得联系，达成共识：在纪律上严要求；在学习上降低标准，每节课只要能认识一个字，会写一个字即可。通过一年时间的实践，还是收到了一定的效果。（教师访谈 1－14）
>
> 今年送走毕业班后，担任了一年级的语文教师兼班主任。班里人数较多，60 多个孩子，并且还有两个学困生，其中一个男孩上课很难走进教室，即使进入教室后也不翻书，只是玩玩具。看到这样的情形，我也很无奈，上课后我不可能去操场一直追赶这个孩子上课而不顾教室里 60 多个孩子。可每次看到这个孩子也挺心酸的，后来就和家长联系，让家长来陪读。家

长陪读了一个星期，情况才稍微好点，孩子才勉强进教室。
（教师访谈 1 – 15）

对弱势学生的特别看护或照顾有时会损害大多数学生的权益，过多地照顾这一部分学生，会带来不同程度的不公正。但从另一个角度来看，又不能放弃这些学生，这不仅是教师的专业职责，更是教师对弱势学生在理解基础上产生的同情。公正与关怀的冲突还表现在教师对时间的分配之上，对于日常教学来说，教学时间和教师关注的分配其实就是教师价值的指示器。当教师感受到这种分配之下所隐藏的不同价值时，教师就深切感受到了两种伦理价值之间的张力。

# 第二章
# 教师应对伦理困境方式的调查分析

教师在专业实践中会遭遇到不同类型的伦理困境，他们需要在一定时间内（大多是瞬时）、在一定的情境脉络中做出伦理选择。很多时候他们并没有时间去仔细思考和审视情境中涉及的伦理价值和自己应对的方式，他们依据自己的习惯、偏好和直觉进行伦理判断。这种依靠经验和情绪做出的瞬时决策很可能是不适合现实情境的，会产生不同程度的偏差。做出伦理决策时教师没有机会认真思考自身情境中的伦理价值和判断的后果及意义，使教师应对伦理困境方式的偏差在很长时间内得不到有效的思考与校正。

## 一　教师应对伦理困境的偏好方式

一般来说，教师遇到不同类型的伦理困境，其应对策略也有所差别。面对同事，教师虽然倾向于孤立和封闭，但只要不涉及自身利益，教师大多采取规避策略，避免和同事发生正面、直接的摩擦和抵触。面对管理者，教师的立场较为软弱，在妥协的同时，会私下发发牢骚以发泄内心的不满。相对于家长，教师处于主导的地位，他们应对伦理困境时，更多从自己信念出发。

较之以上困境，在应对涉及学生的伦理困境时，教师的选择显得更为复杂。研究表明，教师的身份和角色认同会直接影响教师处理社会伦理问题的方式，其中有三个方面的教师身份认同较具有代表性：作为教育教学工作者的教师；作为拥有自身社会文化信念系统的教师，教师的个人偏好、趣味、道德发展水平决定着教师个体的文化信念；作为学校文化或共同体的一员的教师，教师具有职业特有的价值观念。[1] 这三个方面的因素使教师在应对伦理困境时表现得非常复杂。瑞上学者奥泽和阿尔特夫（Althof）通过对教师进行深入的传记研究，区分了两种不同的教师职业道德倾向，"公正取向"和"现实对话取向"。前者的目的在于发现最道德的、最公正的解决策略。后者试图寻求在决策过程中考虑学校的实际情况，在此基础上寻求最佳的解决策略。[2] 借鉴他们提出的"决策模型"框架，[3] 在实地调查的基础上，我们编写了教师经常会遇到的六个虚拟伦理案例，对我国四个省市八所学校的 464 位中小学教师[4]进行问卷调查，发现我国中小学教师在应对涉及学生的伦理困境时既具有共性，又有不同于其他国家教师的特性。

## （一）规避和委托方式出现频率最低

规避是指教师避免直接做出决策，或推脱应当承担的解决问题的责任。选择这种策略的教师倾向于忽略自己承担的责任来应对伦理困境。委托他人处理是指教师将自己所应承担的决策责任转移给其他人，包括上级领导、班主任或家长。这也是教师逃脱自己责任的一种策略。

① N. Maslovaty, "Teachers' Choice of Teaching Strategies for Dealing with Socio-moral Dilemmas in the Elementary School," *Journal of Moral Education*, Vol. 29, No. 4, 2000, pp. 429 – 444.

② F. Oser and W. Althof, "Trust in Advance: On the Professional Morality of Teachers," *Journal of Moral Education*, Vol. 22, 1993, pp. 253 – 275.

③ 奥泽和阿尔特夫的专业伦理困境决策模型的焦点是教师对教学过程和采取行动的责任感，共分为五个层次：规避、委托、单方决策、不完全商谈和完全商谈。

④ 四个省市分别是重庆、四川、河南和广东，样本学校均为城镇或农村的中小学，发放的市区问卷因有效性问题而舍弃。

在教师对六个虚拟的案例进行判断、选择的过程中，规避和委托他人处理出现的频率最低。与其他情境相比，采用规避方式处理在情境一中出现的频次最多，但也只有 11 次（占总样本的 2.4%），即少部分教师选择对作业相同的学生采取姑息纵容的回避态度，但多数教师会直接处理。其他情境中，选择不管不问的教师更少，在情境六中，涉及学生之间的肢体冲突时，没有一位教师选择采用规避策略。选择委托他人作为应对伦理困境策略的教师数量也相对比较少，在情境六中，涉及学生被打伤的严重情形时，教师选择将责任委托给他人的次数只有 163 次（占总样本的 35.1%）。在其他五种情境中，委托他人被选次数均不超过 10%。从六种情境的总体选择结果来看，规避的被选次数仅有 34 次，占总样本的 1.2%，委托他人的策略共出现 246 次，但仅占总样本的 8.8%。在学生严重影响课堂秩序的情况下，教师委托他人进行处理的次数仅占 4.3%。

## （二）单方决策方式出现频率最高

单方决策（unilateral decision-making）又被称为独揽（single-handed），是指教师自发地处理问题或进行决策，不与他人商量，不考虑他人的意见，自己做出决定的策略。在这种情形下，教师"不仅能够果断做出决定、解决冲突，而且认为这是自己作为教师的本责，无须与其他参与者商讨"。[①] 和其他研究结果相似，单方决策是教师最常用的方式，它出现的总频次为 974 次，占 35.0%。也就是说有三分之一的教师会采用这种方式应对涉及学生的专业伦理困境。

在面对学生严重违反课堂秩序时，采用单方决策的次数多达 296 次，占 63.8%。这一结果和马斯罗瓦蒂的研究结果相吻合。马斯罗瓦蒂对以色列教师进行研究，发现有一半以上的教师会采用单

---

① 王晓莉、卢乃桂：《教师应对教学道德冲突的策略及其实证研究》，《课程·教材·教法》2011 年第 9 期。

方决策和私人谈话方式应对困境。由此可见，教师对自己课堂严格控制的传统并没有随着时代的转换而发生根本性的变化，教师掌控课堂的需求并没有减弱。从现实中来看，由于学校时间的有限性和单方决策的便利性，教师在课堂情境中采用单方决策的频次似乎比问卷数据更加频繁。尤其是对于非班主任教师，课堂之外他们与学生接触的时间与机会极少，课堂上也都以教学内容和目标为中心，遇到问题时很难有时间以商谈的方式解决。换言之，即便教师想要采用商谈的方式应对专业伦理困境，也抽不出时间进行商谈。课程的内容量与进度以及评价方式直接影响着教师应对课堂问题的方式，教师很难抽出时间和学生进行对话、商谈与讨论。加上我国小学课堂教育"仍以教师对全体学生的'满堂灌'为主，……小学课堂实质上仍以控制（且是强控制）为主，小学课堂教学仍是'教师中心'，教师严格控制着课堂的活动进程"。[①] 直到今天，师生之间的课堂交往最常见的仍是教师和全体学生之间的交往，教师与个体学生、学生群体的交往方式仍非常缺乏。没有民主和平等的师生交往模式与习惯，没有教学模式的根本性转变，单方决策出现的频率就不会随着时代的改变而减少。

教师面对学生为了友谊而说谎或失职的情况时（如情境一和情境五），有将近一半的教师会选择单方决策方式。他们认为面对这种情形，让他人参与决策是没有必要的。从客观结果上来看，单方决策可以从某种程度上维护学生的隐私，维持其自尊，对涉及学生隐私的情形具有一定的适切性。但在面对"班级学生不配合卫生班长的工作时"，教师选择用单方决策的方式处理只出现了19 次，占总样本的 4.1%。当涉及班级管理工作、具有典型意义的事件或需要全体学生参与其中的情境，教师通常不会采取单方

---

① 吴永军、吴康宁、程晓樵、刘云杉：《我国小学课堂交往时间构成的社会学分析》，《上海教育科研》1995 年第 5 期。

决策的方式进行应对，他们更多地采用商谈的策略，使学生参与到讨论之中，进而意识到自己行为的意义与结果，从而共同参与摆脱困境。

## （三）教师倾向采用不完全商谈与完全商谈方式

在不完全商谈情形（incomplete discourse）中，教师允许学生提出自己不同的看法和观点，重视学生的个体需求，但教师会提出解决问题的方式。在完全商谈（complete discourse）中，教师允许每一位学生发表自己的看法，并共同做出决策。采用完全商谈方式的教师"相信每个人都有参与讨论解决冲突的权利和能力。同时，他们认为解决争端的程序要比结果更有价值，各方交流和讨论的过程本身即是解决冲突的最佳途径"。① 从调查结果来看，这两种应对策略的频次比较接近，分别为 722 次和 808 次，分别占比 25.9% 和 29.0%。也就是说，有一半以上的教师愿意采用或在现实中会采用商谈的方式应对涉及学生的伦理困境。在各种情境中，不完全商谈策略出现的频次更为平均，相比之下，完全商谈策略和伦理困境的类型联系更为明显和紧密。涉及班级事务（情境二）和较为复杂的事件（情境四）时，教师们更倾向于采用完全商谈策略。

在面对班上同学总乱扔垃圾，卫生班长管理无效果时（情境二），选择采取完全商谈策略的频次占比为 62.7%。通过公开的讨论，可以使学生意识到自己对班级的责任并理解卫生班长的职能及困惑。在各种情形中，教师正在授课，有学生严重违反课堂秩序时（情境三），选择采用完全商谈策略进行解决的被选次数较少，仅有 49 次。教师应对伦理困境策略概况见表 2 - 1。

---

① 王晓莉、卢乃桂：《教师应对教学道德冲突的策略及其实证研究》，《课程·教材·教法》2011 年第 9 期。

表 2 - 1 　教师应对伦理困境决策概览

单位：次，%

| | 规避 | | 委托他人 | | 单方决策 | | 不完全商谈 | | 完全商谈 | |
|---|---|---|---|---|---|---|---|---|---|---|
| | 频次 | 占比 | 频次 | 占比 | 频次 | 占比 | 频次 | 占比 | 频次 | 占比 |
| 情境一 | 11 | 2.4 | 5 | 1.1 | 189 | 40.7 | 149 | 32.1 | 110 | 23.7 |
| 情境二 | 1 | 0.2 | 3 | 0.6 | 19 | 4.1 | 150 | 32.3 | 291 | 62.7 |
| 情境三 | 8 | 1.7 | 20 | 4.3 | 296 | 63.8 | 91 | 19.6 | 49 | 10.6 |
| 情境四 | 7 | 1.5 | 43 | 9.3 | 128 | 27.6 | 77 | 16.6 | 209 | 45.0 |
| 情境五 | 7 | 1.5 | 12 | 2.6 | 228 | 49.1 | 149 | 32.1 | 68 | 14.7 |
| 情境六 | 0 | 0 | 163 | 35.1 | 114 | 24.6 | 106 | 22.8 | 81 | 17.5 |
| 总计 | 34 | 1.2 | 246 | 8.8 | 974 | 35.0 | 722 | 25.9 | 808 | 29.0 |

注：根据调查问卷数据编制，其中情境场景如下。情境一，小红和小华是好朋友，她们的作业答案几乎一模一样；情境二，班上的同学总是乱扔垃圾，卫生班长管理无效，找您反映；情境三，您正在讲课，有学生严重扰乱了课堂秩序；情境四，班上图书少了一本，管理图书的同学说是小明借了没还，而小明说自己早就还了，两个人都没有其他证明人；情境五，小组长负责检查本组学生的背诵情况，他的一个好朋友并没有背会，但他向您汇报时，说全组都背会了；情境六，小文想制止小明在厕所墙壁上乱写乱画，小明不听，小文向老师举报后，小明将其打伤。

资料来源：本研究的样本数据。

从调查本身来看，即便问卷中所包含的情境是从教师现实生活中提取的真实情境或案例，但由于事件并不是即时性发生的，又不涉及教师情绪与环境等因素，因而调查结果并不能完全反映真实情况。此次调查结果与笔者观察到的情形并不完全吻合，与我国学者王晓莉和卢乃桂的实证研究结果也不尽相同。但从这次调查中，我们可以发现，在教师心目中，不完全商谈和完全商谈是处理复杂事件的优先方式。

## 二　教师应对伦理困境方式的偏差

问卷调查中的伦理困境是虚拟的情境，教师在回答问卷时不会投入真实情感，只是从客观的立场做出选择，这时的教师是外在于情境的存在。从这个意义上来说，尽管情境是从真实生活中提炼而来的，但调查的结果并不能完全反映出教师的真实行为。将问卷调查和访谈结果进行比照发现，中小学教师偏好方式与其实践方式差别较大，其中伦理困境的内容变量对教师选择何种应对方式的影响最为直接。

## （一）教师偏好方式与实际应对方式差别较大

问卷调查显示的结果和实际情况的偏离是问卷调查极力避免却又难以完全消除的问题，因而有人说，"问卷调查法所得资料的信度与效度问题一直是困扰问卷法的'幽灵'"。尤其是对于教师进行道德与伦理等方面的调查时，"社会赞许效应"和"心理防卫效应"方面的影响是无法摆脱的。因而从这个意义上来说，教师应对伦理困境方式的问卷调查只是显示了教师对自己的期望或个体偏好，并不能直接反映出实践中教师的行为方式，这就必然带来教师偏好方式与实践方式之间的距离。调查结果与访谈结果也印证了教师专业伦理知行之间的差异。

问卷调查的结果显示教师最不愿意采用规避和委托方式，倾向于采用不完全商谈和完全商谈的方式摆脱伦理困境。这说明，教师已经意识到规避和委托方式并不是应对伦理困境的最佳方式。然而对教师的访谈结果却显示，副科教师经常采用规避的方式应对伦理困境，委托给他人（尤其是委托给家长）方式出现的频率也非常高。与之相应，副科教师极少采用不完全商谈和完全商谈的方式，班主任采用完全商谈方式的频率也十分低。极端地说，几乎没有教师会采用完全商谈方式。

　　我刚到学校，就担任了一个班的班主任。我当班主任的第一件事，就是采用民主选举的方式选出"代理班级委员会成员"。由于大家相互都不熟悉，我就采用"代理"班委的方式，其实就是一个试用期。学生的积极性都挺高的，班委会很快就选出来了。经过一段时间的试用，发现班长和副班长在很多方面都不适合他们的职位。我也通过各种努力想培养他们一下，但这也不是一时半会儿的事。所以我决定在班上再进行一次民主选举。结果出乎意料，所有的班委一点都没有变化，仍旧是原班人马。由于是在课堂里当场唱票，结果就不可更改了。整整一个学期，我们班级上的很多问题都是通过班级集体讨论，再共同做出决定的方式进行的。但班级风貌并不像想象得那样民主、开放，而是出现了许多意想不到的情况，导致班级工作、班级纪律和班级成绩都一塌糊涂。有些任课教师甚至不愿意上我们班的课，经常找我去维持纪律。我就深刻地体会到，仅有民主制度和程序是完全行不通的，有民主素质和能力的学生也是推行民主的关键因素。从此以后，我就较多地采用民主集中制来进行班级管理了。（教师访谈 2 - 1）

可见，中小学教师应对伦理困境方式的主观偏好与他们采用的实践方式之间存在较大的不一致性。在真实情境中，教师很难按照自己主观偏好的方式去应对伦理困境，这种观念与行为之间的不一致性也给教师带来许多困惑。

## （二）伦理困境的内容变量对教师的影响更大

调查问卷中除了教师的人口学变量（性别与年龄）之外，还区分了班主任教师与非班主任教师、主科教师（语、数、外）和副科教师与学校层次等。以这些变量对教师应对方式进行交叉频数分析发现，这些变量对教师应对方式选择的影响并不显著。以主科教师与副科教师分析为例，问卷调查前的教师访谈显示，副科教师更易采用规避和委托方式。在对班主任的访谈中，有些专业伦理困境与副科教师委托其处理学生问题相关，在这些案例中，由于副科教师经常采取委托他人的方式，而给班主任带来了工作和人际压力。然而，调查问卷数据却未表现出较大的差异性。

　　主科教师和副科教师在面对相同的涉及学生的专业伦理困境情境时，选择的应对方式并不存在较大的差异。男女的差异也没有给教师应对专业伦理困境的方式带来很大的改变。然而从选择方式差异来看，专业伦理困境的类型和情境不同是影响教师应对策略的主要因素。从教师们最常用的单方决策来看，在面对涉及全班学生的困境（情境二）时，单方决策处理方式出现的频次仅有 4.1%。而面对涉及个别学生较私密的事件（情境一、情境四）、课堂管理（情境三）等情境时单方决策方式出现的概率高达 40.7%、27.6% 和 63.8%。尽管教师很少采用委托他人处理的方式，但当面对情节比较严重，涉及学生人身安全的情境（情境六）时，寻求他人的帮助这一方式出现的频率则为 35.1%。同时，教师也极少采用规避的态度面对专业伦理困境，尤其是面对学生汇报的矛盾（情境六）时，没有教师选择规避的方式。此外，尽管不完全商谈与完全商谈方式是教师推崇的应对方式，但面对违反纪律的情境，需要马上处理以保持教学能顺利进行，选择商谈策略的教师在数量上明显较少。这一研究结果和马斯罗瓦蒂、胡苏等人的研究结果吻合，也进一步印证了科尔伯格的观点，"行为是高度具体的、依赖于特定情形，……在道德行为中，几乎没发现统一的性格特质或普遍性的证据"。[①] 情境对主体的道德和伦理行为具有很强的影响力。

---

① 〔美〕里奇等：《道德发展的理论》，姜飞月译，黑龙江人民出版社，2002，第98页。

# 第三章
# 教师伦理困境的境域性因素分析

教师是为谁工作的，他需要为谁负责？为自己、为学生、为家长还是为社会、为学校、为学科。教师必须同时考虑自己、学生、家长、社会等对象的需要，这就是作为一个专业人员应具备的专业伦理素养。洛温伯格等人（Frank Loewenberg and Ralph Dolgoff）认为，"在社会工作实践中有三种类型的模糊性和不确定性给工作带来了伦理上的难题。它们分别是：对价值观和目标的不确定；对任何特定情形的相关科学知识和事实真相的不确定；对干预后果的不确定"。①面临着其他信息提供者和社会化机构的作用不断增强，人们期待教师将承担起道德指引和教育指引的作用，使学习者能够在大量的信息和不同的价值观中不迷失方向。

## 一　激发教师伦理困境的时代性因素

正如洛温伯格等人所强调的那样，大多数"伦理问题起源于作为现代社会特点的价值的多元性和矛盾性。……当一个从业者面临两个或两个以上相互冲突的价值时，伦理困境就可能会产生，诸如公正

① 《全球教育发展的历史轨迹——国际教育大会 60 年建议书》，赵中建主译，教育科学出版社，2001，第 395 页。

与平等、服务效用与效率、或者能力与平等"。① 现代社会的时代特性成为引发专业伦理困境的重要背景性因素，其中全球化背景中的价值多元以及中国社会转型带来的社会价值失序是当今时代对专业伦理与价值影响最深入的两股力量。

## （一）全球化带来的价值多元

全球化是指经济、科技、文化等方面在全球范围内相互联系和相互依赖的事实与趋势。全球化一路高歌猛进，使经济、政治、文化及社会生活等各个方面都发生了重大的改革，这种改变不仅表现在速度、广度、强度之上，更体现出一种质的根本性变革。可以说，"20世纪最显著的特点就是世界上大多数人被纳入到一个真正的全球化国际系统之中"。② 全球化也将成为 21 世纪最深刻的烙印。自 20 世纪后半叶以来，全球化现象引起了学者们持续的兴趣，相关研究作品更是浩如烟海。本研究仅从作为事实和作为思考方式两个方面入手，分析全球化对教师专业的全方位影响。"作为现代性的当代状态，全球化既是一种事实，也是一种思考方式。后者是指一种开放的心态、多元并存的态度以及共生互补的策略……"③ 作为事实的全球化不仅表现在经济方面的全球一体化，更是借助于科学技术和通信等手段在全球范围内传递着不同的价值、文化与生活方式。作为思考方式的全球化是指在面对全球化这一巨大潮流时，人们应采取的心态和应对策略。

全球化是"世界不可逃脱的命运，是无法逆转的过程"。④ 在这

① 参见罗肖泉《践行社会正义——社会工作价值与伦理研究》，社会科学文献出版社，2005，第 221 页。
② 程光泉：《全球化与价值冲突》，湖南人民出版社，2003，第 2 页。
③ 王啸：《全球化时代的中国道德教育》，《北京师范大学学报》（社会科学版）2004年第 3 期。
④ 〔英〕齐格蒙特·鲍曼：《全球化》，郭国良、徐建华译，商务印书馆，2001，第 1页。

一席卷全球的过程中，显现出同质化与异质化两种相反的社会趋势，这两种趋势交织纠缠在一起，使社会面临复杂多变的境况。前者表现为世界范围内文化价值、生活方式与生活态度的逐渐趋同，后者集中体现为各种不同甚至是相互冲突的文化价值观念跨地区与跨时空的同时显现，表现出安东尼·吉登斯所说的在场与缺场的纠缠，远距离的社会事件和社会关系与地方性场景交织的特点。由于全球化是"以某种价值为指向的社会历史过程"，①价值观念之间的相互影响、渗透与冲突就不可避免。在当今全球化格局中，自由竞争的市场经济以及自由、民主等西方价值观已经无可争议地处于优势地位。市场经济改革在给中国带来经济腾飞的同时，西方价值观也强势侵入社会与个人生活的各个方面。很多时候，外来价值与传统价值并不一致，甚至是背道而驰的，这就带来明显的价值观念的冲突。著名学者亨廷顿以"文明冲突"表示这一现象，并指出文明冲突将取代意识形态的冲突成为现代世界冲突演变过程中的最新特征。美籍华人杜维明先生在他的《现代精神与儒家传统》中认为，我们身处的全球化过程，在经济上表现为同质化，但在文化上却是异质化的，文化多元性已经导致了诸多的冲突。我国学者刘登阁在《全球文化风景》一书中也提到，"20世纪是文化大碰撞、大分裂和大融合的时期。如果说古典文化是以和谐为特征的话，20世纪文化是以对立冲突为特征的"。②不论以亨廷顿为代表的冲突论者的言论是否会一语成谶，全球化背景下价值之间的冲突却是一种事实性存在。

生活在全球化背景之下的中国教师，自然不会也不可能超脱于情境之外。纷繁复杂的价值与观念冲突使教师在专业实践中面临越来越多的伦理困境。面对教师是否应该具有比其他职业更高的伦理道德这些问题时，已经不再能达成共识了。将"教师当成一个普通人"的

---

① 鲁洁：《应对全球化：提升文化自觉》，《北京大学教育评论》2003年第1期。
② 转引自刘建荣《和而不同——全球化情境下伦理文化发展的黄金定律》，《伦理学研究》2005年第4期。

呼声日益高涨，这种呼声固然是对教师权利的肯定与呼唤，但同时也带给许多社会人士尤其是一线教师观念上的困惑。对教师的道德要求已经不再是铁板一块的单向规范，而演变为多种观念之间的较量与竞争。如当讨论"教师是否应该从事家教"这一问题时，不仅社会、教师对此认识未达成一致，各地教育主管部门，甚至是同一部门出台的相关文件都有不同的认识和要求。此外，有关教师伦理价值之间的冲突还可从汶川地震中"范跑跑"事件的全民大讨论中窥见一斑。这些不同价值观念的交织与冲突，使教师面临越来越多的伦理困境，而全球化的注重开放、尊重多元等思考方式，更使教师无所适从。

作为思考方式的全球化逻辑旨在以一种开放的态度对待多元文化与价值、不同生活方式与状态。这极容易导致文化相对主义与价值中立的态度，持这种态度的人不再判定对错，他们认为每一种价值或文化都有其合理性，价值标准并没有优劣高下之分，也并不存在普遍通用的对错标准。每一个标准都有其特定的文化与价值背景，因而应该尊重每一种文化与价值。人们应该做的不是肯定或推崇某种特定的标准，而是要创造适宜的环境或平台，使每一种价值都得到承认。

受到这种观念影响的教师逐渐增多，他们将自己的职业目标定位于传授特定的知识和文化。尊重每一个学生和每一种价值成为他们卸去教师道德责任的理由，这种现象在非主科教师中和非班主任教师中表现得更为突出。价值观念的培养成为学校某一部分教师的"专利"，很大一部分教师持一种价值中立的态度与学生相处。尽管这一现象也是教师分工的客观结果，但却在很大程度上受到全球化因素的影响。

## （二）社会转型引发的价值失序

社会转型是社会从一种形态结构向另一种形态结构转换的过程，一般指社会制度的变迁以及社会结构的转变。其实质上是指"一种特殊的结构性变动，不仅意味着经济结构的转换，同时也意味着其他社会结构层面（机制转轨、利益调整和观念转变等）的转换，是一种全面的结构性过渡"。① 当今中国社会转型包括经济体制和社会结构的全面转型，中国社会不仅要从高度集中的计划经济转向社会主义市场经济，还要从传统农业社会转向现代工业社会，再进一步转向知识信息社会。社会结构与经济体制方面的剧变同时并进、相互推动，引起了价值体系和社会文化心态广泛而深刻的变化。由于中国是后发型国家，在转型时期"面临着发达国家'历时'矛盾的'共时'化，政治、经济、文化的矛盾"② 集中爆发。美国学者阿尔温·托夫勒指出，在这个爆炸性的转变时刻，个人的生活被撕成碎片，现存的社会秩序正在土崩瓦解，对新生活方式的狂热追求，正出现在地平线上。这个时期（吴康宁教授称之为"社会混变期"）最容易造成伦理道德和思想文化的混乱。传统的伦理道德体系已经丧失其社会规约功能，新的伦理道德体系还未建立起来，整个社会伦理道德控制机制（主要包括个人良心与社会舆论）几近失灵。因而有学者指出，中国社会转型时期"道德资源亏空、生活的伦理秩序混乱、道德宣传空泛、道德观念一致性断裂"，③ "人们真切地感受到道德规范的飘移，道德文化的断裂，道德价值取向的紊乱，道德行为的失范，乃至道德的沦丧与危机"。④

作为社会存在的教师也受到伦理道德失范的影响，"人类灵魂的工程师""辛勤的园丁"等传统教师道德形象和社会角色已经不能被广大教师认同，新型的教师专业道德形象或伦理身份也未有进一步的发展。和社会稳定期相比，教师在社会转型时期面临的困惑和问题要复杂、尖锐得多。具体来说，传统社会要求教师将社会主流价值观念

---

① 王中银：《当代中国社会转型研究文献综述（一）》，http://www.douban.com/group/topic/5154472/。
② 杨桂华主编《社会转型期精神迷失现象分析》，南开大学出版社，2009，代序，第2页。
③ 金生鈜：《质疑建国以来的道德教育规训》，《教育理论与实践》2001年第8期。
④ 鲁洁：《转型期中国道德教育面临的选择》，《高等教育研究》2000年第5期。

传授给学生，把学生培养成为社会需要的接班人。而现代社会则要求教师要保持一定的价值中立，尊重学生的主体性，帮助学生澄清自我价值并学会选择。传统社会要求教师要保持一定的师道尊严，推崇师徒如父子的伦理关系，现代社会则要求师生应是主体间性关系，教师要尊重学生的生命尊严，推崇"我—你"型的师生关系。传统社会要求教师本身应成为道德上的模范，"学高为师，身正为范"是社会各界对教师的普遍要求，现代社会虽然仍旧强调教师的示范性，但同时也强调教师自我生命意义的扩展。在从传统走向现代的历程之中，社会对教师道德与伦理价值的期望会有根本性的转变。但正如上文所说，旧的要求已经逐渐丧失规约作用，新的要求或期望仍未被教师普遍认同，因而新旧之间的矛盾与冲突仍普遍存在。这些矛盾与冲突必然会直接引发教师专业生活中的伦理困境。

## 二　激化教师伦理困境的场域性因素

除了全球化与社会转型等时代性因素之外，中小学教师依托的特殊场域也在很大程度上加剧了专业实践中伦理困境出现的概率。场域理论作为一种思维方式或研究方法是由法国社会学家皮埃尔·布迪厄提出的，作为一个突出关系性的概念，"一个场域可以被定义为在各种位置之间存在的客观关系的一个网络（network），或一个构型（configuration）。正是在这些位置的存在和它们强加于占据特定位置的行动者或机构之上的决定性因素之中，这些位置得到了客观的界定，其根据是这些位置在不同类型的权力（或资本）的分配结构中实际的和潜在的处境（situs），以及它们与其他位置之间的客观关系"。① 尽管从概念中，我们认识到"各种位置"是客观限定的，但

---

① 〔法〕皮埃尔·布迪厄、〔美〕华康德：《实践与反思——反思社会学导引》，李猛、李康译，中央编译出版社，2002，第133～134页。

场域并不是一个固定的、静止的场所或具有社会功能的结构，而是一个充满竞争、斗争的动态的社会空间。根据场域概念进行思考，其实质是从关系和权力的角度进行思考。"场域分析把注意力从个体和群体的特殊转向塑造个体与群体行为的社会生活各种领域的关键与动力学。"① 因而，对教师伦理困境的场域进行分析，不是提示主体与结构的固有特性和本质，而是侧重于权力、主体之间相互对抗、转化的动力研究。当教育或学校被看作教师与学生的场域时，它们是作为一种整体性的制度力量与个体发生关系，"这种制度性的关系又通过教育者与受教育者的交往关系而起作用。教育者与受教育者的交往受制度性的客观场域的制约并且成为整体上实现制度的强制力量的基本单元。教师的非制度性教育交往行为受教育制度的支配"。② 也就是说，无论是教育、学校还是其他类型的场域，都直接影响了场域内的主体形态或教育交往实质。因而，对教师所处的教育场域进行研究，可以解释教师面对的各种体制性伦理困境。本部分就从中国教育场域的框架入手，将视线聚焦于场域中具有特殊意义的"构成性因素"（动力），分析引发教师伦理困境的原因。

## （一）作为新理念的新课程改革

教育作为促进个体和社会发展的重要手段，随着时代的变化而不断发展和变革。教育改革成为世界性的浪潮，从最初宏观的教育制度和体制的变迁到微观层面课程和教学的改革，无不反映了人们对教育理想的追求。近年来，课程改革成为教育改革的核心，"20 世纪一百年中教育经历了三次大的变革都是从课程改革开始的"。③ 我国新课

---

① 〔美〕斯沃茨：《文化与权力：布尔迪厄的社会学》，陶东风译，上海译文出版社，2012，第 149 页。
② 金生鈜：《学校场域与交往惯习——关于教育交往的对话》，《福建论坛》2007 年第 6 期。
③ 顾明远：《课程改革的世纪回顾与瞻望》，《教育研究》2001 年第 7 期。

程改革以 1998 年教育部颁布的《面向 21 世纪教育振兴行动计划》
为序幕，2001 年正式开始。尽管这次课程改革和全球范围内的课程
改革有着千丝万缕的联系，其深受美国、日本等国家的影响，但在中
国社会背景和历史上，新课程改革的范围之广、历时之长、意义之大
是前所未有的，对我国教育实践产生了深刻的影响。以往课程改革的
经验和教训告诉我们，教师在课程改革过程中具有极其重要的作用。
自 20 世纪 80 年代中期以来，教育改革和教育研究的焦点已经从"课
程"转向了"教师"。人们越来越意识到，"课程发展是教师的专业
发展，没有教师的专业发展，就没有课程发展"。[①] 在此种新课程理
念的影响下，专业型教师、研究型教师、学习型教师、反思型教师开
始成为新的教师形象，教师被赋予了更多的角色和身份。教师一方面
被要求"从'独奏者'的角色过渡到'伴奏者'的角色"，[②] 另一方
面又被要求在指引学生终生基本价值方面发挥重要的作用。教师既需
要尊重学生的自由，培养学生自主意识和选择能力，又需要维持必要
的权威，在学生还不具有独立思考判断能力的时候指导他们；教师工
作既被要求能独当一面，独立完成各种教学与管理工作，又被要求学
会与教师合作。此种新要求之间的相互抵触比比皆是，新理念和教师
行为习惯的冲突更是数不胜数。

　　由于我国新课程改革是自上而下、由行政命令推进的改革。尽管
是经过由试点实验到全面推行的一个过渡阶段，但整体来看，课程改
革几乎是在极短的时间内在中国全面推进的。各种新课程改革培训你
方唱罢我登场，所有中小学教师都要接受新课改培训。"不参加培训
不能上岗"成为多个地区的共识，然而，参加过培训的教师仍面临
着不会"讲课"的窘境。大多教师讲起新理念头头是道，但上课时
仍采用传统的教学方式。新理念和旧传统之所以不同的根本在于价值

---

① 转引自周淑卿《课程发展与教师专业》，甘肃文化出版社，2005，推荐序。
② 《教育——财富蕴藏其中》，联合国教科文组织总部中文科译，教育科学出版社，
1996，第 137 页。

取向的改变，新课程强调以人为本、以生为本，强调情感和价值观的重要性，传统教育的重心在于知识的传递和社会的需求。这两者之间的冲突撕扯着教师的心灵，给教师带来了巨大的困惑。即便教师从内心接受并认同了新的课程理念，想以新理念指导自己的实践，在知行之间仍然横亘着巨大的鸿沟。教师从小在传统的教学方式下成长，接受的培训大多也是以讲授为主，新的理念也是通过传统的方式灌输给教师的。在教师成长和发展的环境中，缺乏将理念转化为实践的中间环节，教师很难顺利地完成这一转化任务。这就会使教师信仰一套理念，实行另外一套行动，这种知与行的不一致和分裂也给教师带来直接的伦理困境。

### （二）作为法定权力的知识制度

知识制度是指"法定权力对知识在生产、再生产、流通、分配和消费等方面所具有的规定性。在知识制度的规约下，教师职业既有'表演'的一面，同时又具有被动地'与权力共谋'的一面，它是介于'前台'与'后台'两者之间的一种特殊场域，这一两难境遇普遍导致了教师角色的泛化、冲突和情感的扭曲"。[1] 知识制度通过道德和法律的形式规约着教师职业，在国家、社会、教育、学校和教师的权力链条中，教师显然位于不利的地位。教师既没有生产知识的权力，又没有选择知识的自主性，是被知识制度和权力规约的一种社会分工群体。在教师与学生的关系中，教师又被要求扮演知识制度代言人的角色，通过各种"教育教学活动"不断再生产"规训化的生产者"。

"知识的权力化和权力的知识化是知识制度的主要特征。"[2] 知识制度在现代社会中表现出更为隐蔽、更为系统和更为宽泛的权力控制

---

[1] 周润智：《被规约的教师职业》，博士学位论文，南京师范大学，2002。
[2] 周润智：《被规约的教师职业》，博士学位论文，南京师范大学，2002。

特点，它通过技术化改造的"温和的、软化的"形式控制着教师职业和教师本身。知识与权力的共谋使法定知识控制着整个教育系统，教师职业显现出失范的特征。法定知识背后的法定权力使教育中各种权力主体的地位产生了很大不同，这带来了学校、教师、家长和学生之间力量分布的不均衡。以权力和利益为内核的知识制度，通过道德和法律等方式全方位地规约着教师职业，教师在知识制度的规约下，不断偏离自身的自然方向和社会职能。从这个意义上来看，知识制度具有教育制度的特征。教育制度的出现使教育成为一种可被"复制"的事业，提高了教育的效率，促进了教育的普及，增大了教育的影响及功能。另外，教育制度也成为生产"标准人"的手段，它以同一的标准规制着每一个学生，把独特的"类生命"变为一致的"种生命"，压制了学生生命的意义。① 教育也是一种追寻善意、促进人性的职能活动。从其自身职能来看，教师必须担负起培养人和解放人的责任。它的目的在于唤醒学生的灵魂，扩展学生的生命意义，这一目的规定了教师与学生之间应该是最直接的生命与生命的相遇与交往，教学是充满人情味的活动，教师是"长着教师面孔"的教师。② 在教育本真的取向中，或说在理想的教育当中，师生的人性被置于教育的中心，学生的发展受到极大的尊重。然而，尊重教育本真的教师必然会遭到规训与解放这类两难社会境遇。在这种境遇之中，教师"社会殉道者"的境遇不会有根本性的改变，由此引发的伦理困境也不会从根本上消失。

---

① 李琰、易连云：《基于道德精神的班级文化建设研究》，《学校党建与思想教育》2012年第1期。

② 刘铁芳在其讲座《好的学校教育何以可能》中曾提出"长着教师面孔"的教师的形象，这是面向学生、心系学生、与学生生命相遇的教师，http：//www.icourses.cn/viewVCourse.action？courseId=ff80808142693f8701426a304df400c0。

# 第四章
# 教师伦理困境的具体性因素分析


伦理困境是所有关涉"人"的专业都会遭遇的专业境况，教师专业也不例外。"概括的说，社会工作的伦理困境起因于社会工作者在实践过程中所遭遇的模棱两可和不确定性。这种情况主要有三种类型：'价值观和目标的不确定性；科学知识和关于任何特殊状况的不确定性；干预结果的不确定性。'"① 教师的工作虽然与社会工作有所区别，但其所面临的不确定性也已经得到公认。教师的伦理困境很大程度上源于教师工作的"不确定性、无边界性及回归性"。② 从实证调查结果来看，教师在实践中遭遇的伦理困境纷繁复杂，原因也不一而足。可见，伦理困境既可以源于价值观之间的冲突，还与专业所具有的特性、教育的本质以及服务对象的特性有密切的关联。其中冲突是引发困境的关键点，伦理困境一般在涉及两个或更多的彼此相关的选择时就会出现，多戈夫等人从三个方面分析了滋生伦理实践问题的温床（见图 4-1）。多戈夫等人对社会工作实践中伦理问题的分析思路为我们探寻伦理困境产生的具体原因提供了一种有效的分析模式。

---

① 罗肖泉编著《社会工作伦理教育研究》，中国矿业大学出版社，2005，第 88~90 页。

② 〔日〕佐藤学：《课程与教师》，钟启泉译，教育科学出版社，2003，第 266 页。

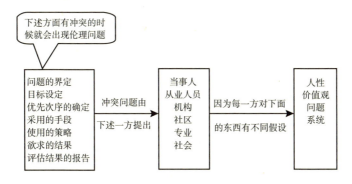

**图 4-1 社会工作实践中的伦理问题**

资料来源：见〔美〕拉尔夫·多戈夫等《社会工作伦理：实务工作指南》，隋玉杰译，中国人民大学出版社，2005，第 8 页。

# 一 教师价值观冲突因素

价值观及其冲突是引发伦理困境的根本原因，价值冲突是指不同价值观念之间的差异、抵触和张力，一般来说，价值观包括四个层次：个体或个人价值观、群体价值观、社会价值观和专业价值观。这四个层次的价值观有时会有某些方面的差异或冲突，但一般来说它们是互补性或互惠性的。目前，社会转型时期价值观的多元与不确定性使得社会主流价值并不能如以往具有强大的控制力与影响力，这种多元性在群体价值、专业价值与个体价值方面的表现同样突出，因之目前价值观之间的冲突并不在少数。有学者从认识论和价值论等视角来理解价值冲突。他们认为在认识论视野中，价值冲突多指价值真理意义上的冲突；在价值论视野内，价值冲突多表现为不同主体的价值观念冲突。[①] 因而，在多元价值盛行的社会环境中，从根本上来说，价

---

① 王书道：《当代世界价值冲突的实质与根源》，《理论与现代化》2004 年第 6 期；万光侠、贾英健：《经济全球化进程中的价值冲突与文化建设》，吉林人民出版社，2007，第 24~25 页。

值冲突的基础是价值规则和理论之间的不同和相互竞争，不同主体的价值冲突只是价值规则冲突的具体表现。然而，价值规则的冲突和不同主体的价值观念冲突都是教师伦理困境的根本原因。

## （一）价值规则之间的冲突

价值规则又可分为对抗性价值冲突和非对抗性价值冲突。对抗性价值冲突是指不同的价值体系相互摩擦和竞争的情况；非对抗性价值冲突是指在同一价值规范体系内，不同的价值规则在同一情境中，彼此之间产生的矛盾和冲突。在伦理学理论体系中，康德所坚持的道义论和功利主义就是一种对抗性价值冲突，道义论认为良善的动机是评判道德的标准，功利主义则认为，结果的最大化才是善的标志。这种结果与非结果主义就形成了鲜明的对抗性关系。英国生命伦理学家恩格尔·哈特所提出的道德朋友和道德异乡人概念中道德异乡人之间的冲突，也是指相互对立的价值体系之间的冲突。如"要素主义注重的是文化要素。永恒主义看到的是传统的人文学科的价值。改造主义把教育看做是实现国家目的的工作。结构主义把智慧和能力置于人的价值之上，教育的中心是课程结构，学校则是发展知识的场所"。[①]这些对教育的不同认识之间并不一致，这些理念之间的不同从某种意义上来看，就属于对抗性的价值冲突。

具体到教育实践来说，新旧教育理念之间的冲突可以算作对抗性价值冲突，以学科为本的教学设计与以学生为主的设计也属此列。对教育目的价值取向的社会本位和学生本位的长期争论和抗争也是对抗性价值冲突的表现之一。非对抗性价值冲突是价值体系之内或道德朋友之间的冲突，这种冲突经常发生在专业价值内部。在对"什么才有利于学生"的讨论中，是采用严格要求使学生取得优异成绩的绩效主义，还是将培养学生的自主选择当成目标，这两种目标都有一定

---

① 陆有铨：《躁动的百年：20世纪的教育历程》，北京大学出版社，2012，第64页。

的正当合理性。严格要求的绩效主义意味着说服学生服从技术和效率的安排，包含着对学生成果的评鉴和比较。这些要求可能会和培养学生主体意识等目标相冲突。瑞士学者奥泽提出，公正、关怀和真诚是指导教师工作的基本原则，但这三个原则之间往往会呈现角力之势。其他诸如善良、勇气、诚实、守信、义务等专业价值之间也是如此，也会存在一定的差异和矛盾，进而引发教师伦理困境。因而，无论是对抗性冲突还是非对抗性冲突，都可能直接引发教师专业伦理困境。

## （二）不同主体的价值冲突

价值主体不仅指个人主体，也指团体或群体类的集体主体。对于专业性职业来讲，社会价值观与专业价值观的冲突、专业价值观和个人价值观的冲突、个人主体价值观之间的冲突都可能引发教师专业伦理困境。有学者认为，不同主体间的价值冲突带来的伦理困境主要表现在六个方面：教师内心引发的困境、教师在教学活动中引发的困境、教师在面对家长不同的教育意愿时引发的困境、教师在处理与同行之间的关系时引发的困境、教师在面对社会舆论压力时引发的困境以及教师在服从行政命令的问题上引发的困境。[①] 本书从社会价值观与专业价值观、专业价值观和教师个人价值观以及不同主体价值观之间的冲突进行分析。

一般来说，社会价值观和专业价值观应当是一致的，专业价值观是社会价值观在特殊行业和领域中的反映。但相对于一般社会价值观来说，专业的特殊性质，会使专业对从业者有特别的要求，它"仅限于调节教育行业内部的行为和关系，不涉及纯粹作为公民的公共行为和公共关系"。[②] 对于教师专业来说，教师价值观更具有理想性的高标特点，它以服务精神、奉献精神和敬业精神为核心，这不仅高于

---

① 苏启敏：《论教师专业道德的实践品格》，《教育研究》2013 年第 11 期。
② 黄向阳：《教育专业伦理规范导论》，博士学位论文，华东师范大学，1997，第 39 页。

一般的社会价值，还与社会价值观所倡导的平等和公正价值有所相悖。这类不一致使社会价值和专业价值之间的冲突不可避免。从根本上说，教育的目的在于唤醒学生的精神生命，培养学生的创造性，但社会却要求教育要传递传统或社会的价值观，为维持社会稳定服务。由于学生不同的特点要求教育专业者采取因材施教的方法，但社会价值观却侧重对效率和成绩的追求，这使得社会对学校和教师提出了与专业价值观有悖的要求。例如，美国二战后的教育改革强调"使年轻的一代掌握科学技术知识，以便能够从事技术社会所急需的工作。只有这样，才能在'冷战'时期的科技竞争和军备竞争中使美国居于对苏联的领先地位"。① 这一大环境下的价值要求和教育内在的价值会有所冲突。总的来说，社会价值观会要求教师服从社会进步的需要，而专业的价值观指向的是专业的服务对象（学生或家长），要求教师要从学生的利益出发考虑问题，在个人与社会之间存在的不一致就会引致教师伦理困境。

专业价值观与教师个人价值观之间的冲突也会带来伦理困境。教师价值观是专业价值观念的具体表现，教师价值应在教育教学活动过程中体现出来。从理论上来说，两者应该是一致的。但这种一致并没有必然的保障，教师除了受到专业价值观的影响之外，还不可避免地受其所在的社会环境影响，这都可能使一些社会工作者个人价值观与专业价值观之间产生冲突。如教师要"确保在跟学生关系中的优势地位不被滥用，尤其是被用于宣传和思想控制"。② 但在我国教师会将"思想教育"和"思想工作"视为理所当然。对学生进行一定的思想教育和道德说教，不但是可以理解的，甚至是教师负责任的表现。专业价值观要求教师"尽最大努力鼓励家长积极参与其孩子的

---

① 陆有铨：《躁动的百年：20世纪的教育历程》，北京大学出版社，2012，第186页。

② 参见冯婉桢《教师专业伦理的边界：以权利为基础》，教育科学出版社，2012，第188页。

教育"。① 但教师的个人价值观却"希望家长成为'站在远处的协助者'，既不应该干扰教师，同时又应该支持教师的努力"。② 这两种价值观之间存在明显的不一致性。

不同主体价值观念之间的冲突会带来较多的伦理困境。教师专业与其他专业不同，它要同时对专业、学生、家长、同事和管理者负责。复杂的专业关系必然会引发各种类型的冲突。当教师服务对象所持的价值观与教师个人的价值观不同时，当教师面对服务对象之间的价值冲突时，困境就更加显著，其中较常见的就是对同事及管理者的忠诚冲突和与家长之间的冲突。教师专业要求非专业目的或法律要求，不能泄露专业关系中获得的学生的相关信息。当管理者或校长因私事向教师索要学生或家长信息时，就会使教师面临困境。不同教师之间也会有个人价值观念的不同。

## 二　教师专业服务的对象因素

教师专业本身的特性会使教师面临各种难以预测的伦理环境，而其服务对象的多重性和个体差异更使教师的专业环境复杂难测。教师的服务对象不仅有直接对象学生，还有间接的服务对象家长。教师不仅要面对生活背景各异、个性不同的学生，还要面对各种阶层的家长。教师不仅要面对学生个体，还要组建学生集体。服务对象的复杂性使教师遭遇了更多的伦理困境。

### （一）服务对象的多重性

服务对象的多重性包括两个层面的含义，既指教师专业服务对象

---

① 参见冯婉桢《教师专业伦理的边界：以权利为基础》，教育科学出版社，2012，第188页。

② 〔美〕丹·克莱门特·劳蒂：《学校教师的社会学研究》，饶从满等译，人民教育出版社，2011，第184~185页。

（包括学生、家长、社区与国家等多重主体）的多重性；又指教师专业服务对象学生本身（包括学生个体和学生群体）的多重性。教师服务对象的多重特性使教师更容易面临伦理困境。教师的直接服务对象是学生，但其又未被赋予承担完全责任的权力。学生的教育责任由学校和家庭共同承担，教师不仅要满足学生的发展要求，还要考虑家长的教育要求。即便是在教师和家长都从"学生利益"出发的前提的情况下，他们的教育理念也不尽相同。正如劳蒂所说，教师对学生家长的依赖是双重的。教师既希望家长能尊重教师的边界，表现出自愿性节制并避免"过度的"侵犯，又希望家长可以"以教师所重视的方式——影响学生参与学校学习的意愿"。① 与此同时，家长对教师也有着不同的期望。有些家长希望老师把孩子"看好"，希望教师承担类似于保姆的工作，他们对学生在学校的表现漠不关心；有些家长对教师非常敬畏，他们会配合教师的要求，完成教师布置的任务；还有些家长则希望教师能对自己的孩子进行特殊照顾。家长对教师期望本身就包含着某些困扰教师的因素，加上家长和教师观念之间的差别，增加了教师伦理困境的复杂性和发生概率。一般来说，教师会优先考虑学生（尤其是大多数学生）的利益。教师除了对学生和家长负责之外，还要对其他人或团体等负责，如同事、社区、教师专业团体、社会等。教师在面对多重服务或责任对象时，就必须要明确对谁负有首要责任，但这并不能从根本上解决教师面对的伦理困境。

教师的服务对象不仅是学生个体，很多时候其专业行为和目的是通过学生集体获得的。在现代教育中班集体不仅是教育和教学的基本单位，也是学生健康成长的重要动因。但学生个体和学生集体的特点不同，两者的利益并不总是相同的。当集体利益与学生个体权益相矛盾和抵触时，就会给教师带来难以抉择的伦理困境。是坚持集体规则

---

① 〔美〕丹·克莱门特·劳蒂：《学校教师的社会学研究》，饶从满等译，人民教育出版社，2011，第183页。

的公正性，还是维护学生个体的利益；在保持集体荣誉的同时，就有可能给个别学生带来伤害，这些冲突经常给教师带来困惑。同时，教师的服务对象并不是单一的利益相关主体，而是数十个甚至几十个主体。从理论的角度来看，每个学生都是平等的主体，具有相同的机会，应受到公平的对待。但在现实中，资源的有限性和不可分割的特性会使教师不能将各种资源平均分配给每一位学生。在某些资源分配的过程中，一个学生获得资源就可能意味着其他学生失去资源。要对每个服务对象公正，但资源又有限的情况也容易给教师带来伦理困境。

## （二）服务对象的个体差异性

教师服务对象具有不同的个性特征，本部分仅以学生这一主要服务对象入手进行分析。从社会学的视角来看，每一个学生生活在家庭、学校及同辈群体构成的三重社会或多重世界之中。"家庭、学校及同辈群体作为学生生存其中的'小社会'，在所属关系上是相互独立的。从'文化装置'（价值取向、道德规范、行为方式等）性质来看，这三个小社会之间的关系比较复杂。"[①] 多重世界之中的学生至少包含两个层次的意义。其一，学生接受的社会影响不可能完全相同，每一个学生的社会境遇都会有较大的差异。这造成学生个体的独特性。其二，学生从一个社会进入另一个社会时，有可能会产生不能顺利"越界"的问题。[②] 从教育学的视角来看，教师的服务对象（学生）是"受教育者"，是需要接受教育的对象，他们需要通过教师的帮助达到一定的教育目标。学生在这个意义上是一个"缺乏性"概念，即人们假设学生缺乏某些知识或能力，并认为教师有能力使学生

---

① 吴康宁：《教育社会学》，北京人民教育出版社，1997，第 224 页。
② "越界"一词是美国学者菲兰（P. Phelan）等人提出的一个社会学概念，是学生从一种"社会环境"移入并适应另一种"社会环境"的现象。我国吴康宁教授将之称为社会位移。

达到设定好的标准。从心理学的角度来讲，学生属于未成熟的社会个体，其认识能力、自我意识和自控能力都未发展到社会认可的成熟水平，与教师相比，学生似乎缺乏自我决断、自我选择的能力。从法律上来看，教师的服务对象（未成年人）由于不具有或不完全具有刑事责任能力，不能从刑法意义上辨认和控制自己的行为，因而视其行为能力的高低判定其所应承担的刑事责任。

总的来说，未成年人对于自己的认识和控制还处于不成熟状态，其认知能力和自控能力均弱于成熟的教师。因而无论从生理、心理发展水平，还是从道德法律责任承担水平来看，学生在教师和学生的关系中均是"弱势群体"。在师生关系之中，教师总是处于主导地位，学生会在某种程度上依赖或服从教师。这会期望教师主动从学生的利益出发，对学生负责。这种对"弱势群体"的补偿和倾斜很多时候会和教师的专业权利和个人利益相冲突，给教师带来伦理困境。如上文所提到的当前社会对教师惩罚学生的"零容忍"状况，这使教师在面对学生严重违规时无所适从，如果放任不管，从学生利益来看，并不是最好的选择；如果采取某些措施，则有可能遭到社会和家长的指责或惩戒。这会给教师带来直接的伦理困境。

## 三　教师的专业特性因素

所有的专业其实质都是一种实践，教师专业不仅具有一般实践模糊性和即时性的特点，它还具有道德特性和无边界等特征。教师专业所具有的普遍的和特别的属性给教师带来了许多难以应对的伦理困境。

### （一）教师专业的不确定性和无边界性

从本质上来看，教育不仅是一项具有道德特性的事业，还是教师通过有计划、有目的的行为引导学生学习的实践。因而，教师专业也具有实践的某些属性，这些属性引发或加剧了教师专业伦理困境的状况。专业作为社会大分工的产物，是一种真实的实践活动。马克思以辩证的观点来看待实践，认为主体与客体相互作用的实践是认识和理解世界的根本。布迪厄在其基础上建立的实践理论为我们理解实践的特性提供了较好的视角。布迪厄提出既不能像非理性主义那样，把实践理解为由本能支配的过程，也不能像理性主义那样，把实践解释为完全符合逻辑的过程。实践遵循着一种"模糊逻辑"，即"实践有一种逻辑，一种不是逻辑的逻辑，这样才不至于过多要求实践给出它所不能给出的逻辑，从而避免强行向实践索取某种不连贯性，或把一种牵强的连贯性强加给它"。① 实践的这种模糊性被布迪厄视作实践的重要特性。实践的模糊性表明实践不是依靠一种预先规定好的规则或逻辑运行，真实存在的实践活动受主体偏好影响，这些影响给实践带来许多不确定性。实践的模糊性主要源于"前逻辑"、"前理性"和"非推论性"的"实践感"。这种实践感可以被理解为实践主体的内隐或外显的个人观念或信念，这种观念和实践中的结构性规则并不会完全吻合，甚至还会相互背离，这种背离必然会给教师带来选择上的困难。

此外，实践的紧迫性也会加剧教师伦理选择的难度。与理论不同，"在实践中，行动者需要在有限的时间范围内迅速'做出决定'，采取行动；而且这种紧迫性并不仅仅意味着行动者是生活的瞬时性的现在，相反，实践的紧迫性正意味着行动者必须面对即将到来的未来，面对在现在之中的未来"。② 实践的紧迫性包含着教师所要面对的两大难题：即时性的选择和实践中的多维时间向度。如果不用即时做出决定或选择，当教师面对伦理困境时就可以有缓冲的时间，采用

---

① 〔法〕布迪厄：《实践感》，蒋梓骅译，译林出版社，2003，第133页。
② 杨善华、谢立中主编《西方社会学理论》（下），北京大学出版社，2006，第165页。

其他手段处理困境；如果不考虑多维度的时间，教师就可以从单一的现在来判断哪种行为更加有益，这样决策的难度也会降低。对于教育来说，尤为如此，教育的长效性必定要求教师考虑学生的当前情况和长期发展，当短期目标和长期利益发生冲突时，必然会将教师置于伦理两难的境地。布迪厄的实践理论还强调实践的界限或限度，即"某处实践的逻辑不是贯穿无限多样的实践活动中的普遍性，而是在有限的可观察的实践活动中表现出的共同性，它不具有绝对性"。① 这表明，同一类型实践可能会表现出一定的共同性，但绝不意味着所有实践具有相同的逻辑。换言之，每种实践领域都有自己的规则和特性，教师专业也不例外，它不仅具有实践的普遍特性，还有自身所特有的情境。

教师专业和其他专业一样，或说比其他专业更突出，即其专业具有不确定性和无边界性。教师工作的不确定性和无边界性也是导致教师伦理困境的重要因素。劳蒂曾经明确指出，教师职业受"职业病的不确定性"支配。日本学者佐藤学也将不确定性看作教师文化的特征之一。教师工作的不确定性表现在许多方面：不同的教师采用相同的课堂设计，会产生不同的结果；相同的教师给不同的学生讲解同样的内容，也不能保证会有同样的效果；在一个课堂证明有效的经验，在别的课堂未必有效；课堂教学中发生的各种不同类型的事件，无法预料；对教育效果进行评价，标准也因人而异，什么才是最好的教育对于不同的人来说有不同的内涵，不存在公认的、合理的、有效的教师评价标准……总的来说，教师专业的不确定性主要有以下四种类型：教育理念的不确定性、学生具体情况的不确定性、教育效果（评价）的不确定性和各种突发性事件。但不论是哪种不确定性或有再多的不确定性，都要求教师要在结果不明朗的情况下做出判断和行动，这必然会给教师带来伦理困境。"事实上，教育理论与技术的

---

① 刘少杰：《后现代西方社会学》，社会科学文献出版社，2002，第 207 页。

'不确定性'给予了实践家以绝望的印象，无论什么教学论、心理学，都是同课堂的具体问题无缘的。"[1] 理论和技术并不能给教师的实践以明确的指导和可靠的依据。教师专业的这种内在的不确定性，使教师无法预测和控制自己的判断和行为会带来哪些影响，也不能确定如何选择才会带来最好的结果。对两个似乎完全相同的问题做出相同的处理，可能会由于无法控制的因素和学生当时的心境不同等，导致完全不同的结果。教师不可能完全掌握每个学生所有的情况，他不知道在课堂之外发生过或将发生什么情况，也不可能采取完全的策略应对这些状况。这些都会直接引发教师的伦理困境。

无边界性是指教师专业活动无论是在时间还是空间上都没有明确的界限，"教师的工作并不像其它专业职务那样，当顾客提出的特定案例解决了，该工作随之告终。医生治好了病人的疾病，工作就完成了；律师了结了案子，工作也就结束了。但教师教完了某一单元，工作不算完结。教师工作是'没有结局的故事'"。[2] 教师工作的无边界性带来的最多的伦理困境类型是教师与学校领导之间的困境和教师的角色困境。教师工作的无边界导致的教师"专业属性的空洞化"，这使教师的职责范畴无限扩大，最终导致无论是否与教师有关的任务都被视为教师的分内之事。学校和上级安排的各种行政任务挤占了教师的专业职责的时空，这种现象在班主任和担任学校职务的教师群体中尤为突出。这些琐碎的学校行政工作和教师的专业职责相互冲突会直接引发教师的伦理困境。此外，教师专业的无边界性，使教师工作的时空无限地延展，教师的专业角色就可能和教师的家庭角色相冲突。很多时候，是按学校规定和学生情况完成专业的要求，还是选择家庭责任也会给教师带来冲突，这也是引发教师伦理困境的原因之一。

---

① 〔日〕佐藤学：《课程与教师》，钟启泉译，教育科学出版社，2003，第 266 页。
② 〔日〕佐藤学：《课程与教师》，钟启泉译，教育科学出版社，2003，第 267 页。

## （二）教师角色的多重性

在社会学理论中，角色指"个人在一定社会规范中履行一定社会职责的行为模式"。① "它是人们对具体特定身份的人的行为期待，它构成社会全体或组织的基础。"② 对教师社会角色的研究由来已久，每一位教师在社会中都扮演着多种角色，每一种角色背后附带着一系列的义务或责任，并夹杂着私人利益，这种复杂的关系必然会引发角色冲突（包括角色间和角色内冲突两种）。从专业的视角分析教师专业，多是教师角色所承担的多重职能引发的角色内冲突。美国学者格兰布斯（J. D. Grambs）认为教师要承担"学习指导者"和"文化传播者"两大类角色。我国学者马和民也同意教师的"教育者角色"和"受雇者角色"的双重角色观，他指出，教师的这两种角色建立在不同（甚至相互冲突）的理论基础之上，教师经常处于两种角色的张力之中。③ 吴康宁教授更是一针见血地指出，教师有着支配阶层和公共社会的双重角色，这直接导致教师的角色扮演困境。由于这两种角色期待（适应性与超越性）类似于一体的两面，对一个方面的全面肯定意味着对另一角色的根本否定，因而两者之间必然产生角色间的张力或冲突。④ 日本学者新堀通则将教师的角色冲突分为三类：一是教师自身的不同意识之间的冲突（如教师的劳动者意识与教育者意识的冲突）；二是教师自身的规定与社会对教师的角色期待之间的冲突（如"尽可能不让一个学生掉队"与"尽可能使孩子升学"的家长要求冲突）；三是社会对教师不同角色期待之间的冲突（如希

---

① 金一鸣：《教育社会学》，河北教育出版社，1996，第 235 页。
② 郑杭生：《社会学概论新修》，中国人民大学出版社，1994，第 139 页。
③ 马和民：《新编教育社会学》，华东师范大学出版社，2002，第 107 页。
④ 程天君：《教师社会角色：三种研究视角的比较》，《教育理论与实践》2005 年第 21 期；吴康宁：《教师是"社会代表者"吗——作为教师的"我"的困惑》，《教育研究与实验》2002 年第 2 期；吴康宁：《教师：一种悖论性的社会角色——兼答郭兴举同志的"商榷"》，《教育研究与实验》2003 年第 4 期。

望培养什么样的学生之间的观念冲突）。① 这些角色要求之间的冲突也会给教师带来困惑。我国台湾学者林生传区分得更为详细，他提出教师要扮演传道者、授业者、选择者、辅导者、协商统合者等五种角色。总的来说，教师需要承担各种义务、发挥多重职能，社会对教师又具有多重要求，因而教师角色的多重性是教师专业的基本特征，而多重性教师职能之间的不一致或矛盾，会引发教师的伦理困境。

此外，时代的变迁也从另一个侧面促进了教师角色多样化。在全球化的知识经济社会中，面对知识的增长、学科的分化和知识传递方式的不断变革，教师也面临角色转变的任务：从单一学科的专业信息师向综合学科的分析辅导师转变；从单纯的知识传授者向研究创新者转变；从管理者、权威者向引导者、协调者转变；从谢恩者向服务者转变；从传统的"工艺师"向当代教育艺术家转变；从充分论道者向实践者转变。② 在新旧角色转变的交替之际，新旧角色不同要求之间的张力必然会给教师带来较大压力和冲击。无论如何区分教师角色，从哪个侧面来理解教师角色，教师角色间的冲突都是无法完全消除的。从教师的根本职能来看，现代教师所要承担的最根本的角色是促进学生发展并使学生社会化，教师既要为学生个体的全面发展负责，又要培养具有现代技能的社会劳动者。这两种价值（个人价值与社会价值）之间的张力在教育目标、手段、过程及课程等各个环节体现出来，就会引发一系列伦理上的难题。

## （三）教师专业的道德特性

教育从其产生开始就是具有正向价值的活动，正是其所具有的道德特性将其和"教唆"区分开来。有学者对教育的内涵进行考证，

---

① 参见马和民《新编教育社会学》，华东师范大学出版社，2002，第107页。
② 金忠明：《教师教育的历史、理论与实践》，上海教育出版社，2008，第14~16页。

认为教育的内涵至少有三重含义，其本义就是个人之"善"。① 英国哲学家彼得斯也强调教育是一项道德的合价值性的事业，"教育意味着某些有价值的东西正在或已经以一种道德上可接受的方式被有目的的传递"。② 20 世纪，尤其是 80 年代以来，随着人们对教育"技术化"和"科学化"的反思和批判，教育的道德特性和伦理维度又重新被推崇，成为广义专业主义的根本基础和逻辑起点，专业的道德特性成为新专业主义合法性的依据。"教学是一种道德活动、教师是道德教育者、教师要成为具有反思能力的道德行为者、学校是道德学习共同体"，成为教育专业公认的理念。③ 教育的道德内核使教师行为不能再只进行技术上的思考和理解，而要将其放在政治的、道德和伦理的视角来重新理解。

教育专业的道德特性强调要将学生的利益和学生的发展放在首位。国际教育组织关于教师专业伦理的宣言指出，"作为民主社会之基石的高质量的公共教育，有为所有儿童和青少年提供公平教育机会的责任。教育对经济、社会和文化发展的贡献，是社会福利的基础"。④ 宣言强调公共教育应提供公平的教育机会、促进教育的公平和社会的福利。教师这种对自己专业使命的定位也是道德特质的表现形式之一。教育的这种道德特性和学生的福祉密切相关，意味着对学生精神和生命的影响。教育的这种影响不能简化为可计量的单位，既具有模糊性，又具有不可预测和不可通约的性质，不能靠功利的计算和比较来衡量教育活动的影响和意义；也不可能用精确的公式来计算其得失成败，很多时候，教育的结果是无法预测和控制的，这种情

① 陈桂生：《学校教育原理》（增订版），华东师范大学出版社，2012，第 79 页。
② 苏启敏：《论教师专业道德的实践品格》，《教育研究》2013 年第 11 期。
③ 〔美〕约翰·I. 古德莱德、〔美〕罗杰·索德、〔美〕肯尼思·A. 斯罗特尼克主编《提升教师的教育境界：教学的道德尺度》，汪菊译，教育科学出版社，2012，译者前言。
④ 冯婉桢：《教师专业伦理的边界：以权利为基础》，教育科学出版社，2012，第 186 页。

况下就需要教师依据伦理守则和自己的判断进行伦理选择，而这种情境的不确定性和结果的未知性会增加伦理困境的产生概率。

## 四　教师的专业素质因素

教师的专业素质是具有专业特性的教育教学工作对教师整体素质的要求，包括专业知识、专业能力、专业理念等内涵的集合概念，它的每一个构成部分又可划分为数个甚至数十个具体要求。如恩格尔赫德（Engelhart）等人通过调查列举了教师成功教学的 46 项品质；一项针对教师能力的研究提出了 1276 项之多的教师能力表现。[①] 有关教师专业素质的研究覆盖范围广泛，视角和研究范式多样，对教师专业素质形成了深刻而丰富的认识。任何一种专业素养缺失或薄弱都会使教师无力应对专业实践中的伦理困境。

### （一）专业知能的缺乏

专业知识和专业能力是按照教师职业的专业特性及标准对教师素养的重新考量、规定和要求。和传统的"学科知识＋教育学知识"的教师知识结构和能力相比，专业教师需要具有科学与人文的基本知识、专业性知识与技能、教育学科类知识、交往能力、管理能力和教育研究能力等新型知能体系。[②] 也有学者提出，专业的知识基础应该建立在实践性知识之上，使教师能够应对复杂多变的专业实践情境。他们认为，随着时代的变化和教育的改革，教师素养的知识基础应由传统的理性基础转向教师的实践知识。反思、实践、批判与研究能力应成为专业教师所必须具备的基本素养。尽管学者们对知识和能力的

---

[①] 教育部师范司组织编《教师专业化的理论与实践》，人民教育出版社，2003，第 50～59 页。

[②] 叶澜、白益民等：《教师角色与教师发展新探》，教育科学出版社，2001，第 18～25 页。

内涵和结构具有较大差异的认识，但教师的知识和能力始终被视为教师专业的基本素养和要求。

缺乏专业知识和能力的教师，当面对伦理困境时经常会束手无策。缺乏"重新框定"伦理困境知识基础的教师，无法从不同的层面和视角对伦理困境进行解读，从而寻找出更优的解决方案。缺乏相对的对话、沟通能力的教师，不擅长通过理性对话和民主交流等开放性手段应对伦理困境。缺乏研究能力的教师，不善于发现新世界的意义，对日常工作缺乏敏感和探索的习惯，容易忽视伦理困境中的伦理和道德因素。因而，缺乏专业知识和能力的教师依靠未经思考的教师传统、习俗、个人信仰指导自己的专业实践，他们根据自己的经验、习惯、偏好或规则等进行伦理判断与选择，却很难对伦理困境的情境及意义进行理性反思和探究，其视野受到局限，不能从更广阔的背景中考虑伦理困境。他们缺乏对教育环境脉络的思考，缺乏对教育意义的反思，缺乏对自己主观信念的澄清。他们将自己局限于有限的认知中，未能意识到新的社会环境和时代对教育的新要求、学习型社会的教育目标的颠覆性改变、传统的权威管理模式对学生的不良影响以及日常教学可能会给学生带来的道德影响。此外，国内外的教师教育和教育改革中都十分重视反思型教师的培养，这从另一个侧面反映出教师的反思能力的缺乏。教师如果缺乏讨论自己专业所包含的伦理特性的语言、知识和能力，就不可能对自身实践进行批判性思考，也就不可能觉察到专业活动中的道德意义和伦理维度，最终导致摆脱伦理困境策略的选择范围受到局限。

## （二）专业理念的缺失

专业理念是"指教师在对教师工作本质理解基础上形成的善于教育的观念和理性信念。它是专业行为的基本理性支点"。[1] 教师专

---

① 叶澜、白益民等：《教师角色与教师发展新探》，教育科学出版社，2001，第21页。

业理念包括教师的教育观、学生观、教育活动观、自我身份和专业精神等内容。教师的教育观即对教育本质的认识与理解，是教育价值取向和教育目的的定位。学生观是教师对教育对象认识的集中体现，拥有怎样的学生观，就会采用怎样的态度和方式与学生交往。教育活动是进行教育的基本方式，将教育活动看作传递知识的过程，还是将教育活动看作生命交往和民主对话的过程，会带来截然不同的教育组织方式和教育手段。教师对自我身份的认同也是专业理念的基本组成要素，将自身看作怎样的教师，将教师定义为怎样的人，决定着教师的工作态度和实践样态。专业精神则是对整个专业价值和使命的自觉认识。

1. 缺乏对专业生活中自我意义的自觉

多数教师将教学工作和职业看作换取生活资本的一种手段和外在于自我的一种工具。他们没有思考过教育教学工作对于他们自我的作用和意义，大多时候，他们的视野朝向自身之外，没有在专业活动中反观自身和提升自我的自觉。从教师普遍的职业倦怠状态中，我们可以感受到教师工作、生活和自我之间的割裂。"职业倦怠是那些任职于需要连续的、紧张的与他人互动的行业中的人们经历长期连续压力下的一种行为反映。那些人因不能有效缓解工作压力而产生了情绪的疲惫感、对顾客的消极心态，以及认为自己在工作中再也不能取得成就的挫败感。"[1] 情绪低落、人格解体（非人性化）和较低的成就感[2]是公认的职业倦怠的三个特点。这种职业倦怠使教师失去了应有的工作热情和情感投入，造成教师在心理和行为上与教育

---

[1]  R. L. Schwab, "Teacher Stress and Burnout," *Handbook of Research on Teacher Education*, 1996, 转引自杨秀玉、杨秀梅《教师职业倦怠解析》，《外国教育研究》2002 年第 2 期。

[2]  马勒诗和佩斯认为：情绪耗竭（emotional exhaustion），即感到耗尽、用完；性格解体（depersonalization），即表示冷酷、麻木，非人格地对待服务对象；缺乏个人成就感（lack of personal accomplishment），即觉得无效能和缺乏适应性。转引自李江霞《国外教师职业倦怠理论对我国的启示》，《教育科学》2003 年第 2 期。

对象、教育现场的隔离，并使教师无法发现专业对自我的内在意义
和价值。

从中国人民大学公共管理学院组织与人力资源研究所和新浪教育
频道联合进行的大型调查结果来看，近 9000 名教师中有 82.2% 的教
师反映压力较大，近 30% 的教师存在严重的职业倦怠，有 86% 的被
调查教师出现轻微的工作倦怠，有 58.5% 的教师出现了跨度的工作
倦怠，有 29% 的教师出现了比较严重的工作倦怠，超过 60% 的教师
对工作不满意，部分有跳槽的意向。① 时至今日，我国教师的生存状
况仍旧没有根本性的变化。"即使是参与重在'成人'而非'成事'
的'新基础教育'研究的教师，在谈及自己的工作时，还往往重
'事'多过重'人'。"② 在我们做的调查中，多数教师对现在的状况
非常不满和无奈，对自己的工作持较为消极的态度。他们认为教师工
作重复、枯燥、繁重和无奈，在工作中不可能实现自我价值。也许有
个别时候学生的成绩和举动会给他们带来"窝心"的感觉，但总体
来说，还是需要自己积极调整自己的情绪，否则没有办法长期维持下
去。当问到"教师职业对你来说是一种怎样的职业？如果再选择一
次，您是否还会选择这个职业"时，许多教师用"鸡肋"比喻教师
职业对于他们的意义。"食之无味，弃之可惜"，食之无味大多是指
常规工作带给他们的感受，平淡无奇、枯燥无味和疲于应付成为大多
数教师的生存状态。"作为一名教师，自己的工作，说得好听一点叫
作教书育人，但其实就是每天上课（几十年将相似的内容轮番讲无
数遍），改作业卷子……"（教师访谈）教师工作中不断重复的成分
占据了教师相当多的时间和精神，这种工作的重复性最容易带来人格
解体和非人性化现象。弃之可惜则是指教师工作的固定和稳定性给他
们带来的安全感，"熬"和"自我调节"成为教师坚持下来的法宝。

---

① 调查结果显示：八成教师感觉工作压力大，搜狐网，http://health.sohu.com/
20050909/n240361168.shtml。

② 王建军：《学校转型中的教师发展》，教育科学出版社，2008，第 78 页。

还有很多老教师将自身生存状态比作无奈的"夹心"或"风箱中的老鼠",而新教师则喜欢用"纠结"一词来表达自己的状况,还将教师比作"神剩"的职业。

从整体来看,教师处于一种消极应对的工作状态之中,他们要处理无数的专业内和专业外的事务,重复性和事务性工作占据了教师很多精力。教师必须应对无数与专业无关或与自我、专业信念价值相悖的行政要求,这使教师时常感受到一种无法克服的"悲哀感",认为一直在"误人子弟""毁人不倦"的老师不在少数。"这种被动应对的局面不从制度、机制上加以改变,其必然后果是压抑、消磨教师在专业领域里的责任心和创造力,使他们逐渐演化成只是执行他人规定的工具。"① 这些现实使教师很难有时间去思考自己从事工作的内在价值与意义,也使教师不敢去思考,因为这会给教师带来更多无法克服的苦恼。不以一种反思的态度和"向内看"的眼光去思考现实、寻找自我,就不可能从日常工作和活动中发现他们的个人意义,也就更谈不上在专业生活中自觉地建构自我意义了。

2. 缺乏创造性承担专业责任的自觉

教师创造性自觉的缺乏主要表现在两个层面,即外在的工具层面和内在的价值层面。前者是指教师未能自觉地进行教育教学的改革和创新而因循守旧;后者指教师没有体认到师生生命创造性的本质内涵,没有意识到教育的本质在于探索师生的精神世界以及生命本身的创造性,而仅将视野和重心放在知识的传递和手段的改进之上。

正如上文所说,教师在日复一日的单调教学工作中,养成了被动和应付的心态,却失去了体验专业内在价值的体验,忘却了在这一过程中对自我的意义的追寻。叶澜老师曾指出,"以主动、积极

---

① 叶澜:《改善教师发展生存环境:提升教师发展》,《中国教育报》2007 年 9 月 15 日,第 3 版。

的姿态投身于学校变革的实践中，是教师提升自觉的首议之题，认清教师劳动的创造性质是当代教师职业生命自觉提升和践行的灵魂"。① 也就是说，教师可以以一种更积极的态度来面对和超越消极、被动的生存状态。面对现代社会纷繁复杂的境况和教育情境内在的繁杂，只有以积极的姿态、创造的劳动才能更好地促进师生共同成长，并不断扩展彼此的生命意义。然而，在日常的专业生活中，教师往往意识不到创造的重要性，也缺乏进行创造劳动的自觉和习惯。他们生活在自己的各种习惯之中，因循守旧，不肯轻易改变自己的教育和教学方式，不愿离开自己熟悉的工作方式，普遍缺乏创造的自觉。

回顾新课程改革推行的历史，教师在教育思想和教学手段上的确有了长足进步和发展。教师群体也越来越意识到课程改革的重要性，不断地身体力行履行着各种新课改的要求。然而，从根本上看，新课改是一种自外而内的改革，它是对教师外在的要求。很多老师也按照课程改革在不断地改变以适应学生和时代巨大的变化，但这和教师创造性地进行自我探索有着根本性的区别。他们对自己的劳动创造性质并没有深刻的体验，没有深刻体悟到自己工作的价值意义所在。忘却了教育的根本使命，忘却了对学生生命价值的直观，忘却了对学生精神生活的促进和发展，这是教师对劳动创造性最根本的不自觉。教书而不育人、见分不见人的情况到今天仍未得到根本性的转变。

专业理念非常明晰的教师，其个人价值观念比较坚定，不易动摇，在遭遇到专业伦理困境时，更容易根据稳定的专业理念做出专业判断。例如，当他们遇到家长期望与专业要求相互冲突的情形时，他们可能也会感到为难或困惑，但最终会根据自己的教育观念

---

① 叶澜：《改善教师发展生存环境：提升教师发展》，《中国教育报》2007 年 9 月 15 日，第 3 版。

和理性信念做出抉择。专业理念模糊的教师，对自己从事的职业没有深刻的认识和较高的自觉性，其教育观、学生观和教育活动观处于自在的经验状态。当遇到价值冲突困境时，很难做出判断。他们对自我的专业身份没有真正的认同，也没有坚定的专业理念，因而在遇到专业伦理困境时最容易遭受困扰。在处理伦理困境时，也更容易随波逐流。

# 第五章
## 解决教师伦理困境的专业化路径

教师应对专业伦理困境的方式不仅和教师自身的道德水平、教师个性特征有关系，还与教师专业的时代背景和特殊场域有着莫大的关联。对于置身伦理困境中的教师来说，为其提供全面的专业伦理支持体系、提升其专业伦理素养是有效的应对伦理困境的方式。

## 一　完善专业的伦理支持体系

目前，我国教师道德教育和培训模式均以政府为主导，以行政推进为主要方式，自上而下地施行。由外而内的外在约束和评价方式对于技术性知识会具有一定的作用，但如果对象是主观性较强的伦理道德与价值理念问题时，这种方式未必有很好的效果。只有当教师自觉认同其专业人员身份时，当教师意识到自己的伦理形象与专业发展紧密相连时，教师才可能会按照专业伦理规范自觉约束自己，才可能产生对专业伦理精神内在追寻的动力。专业组织在教师专业伦理精神和价值的形成、凝聚力与专业伦理素养的增强与提升中的作用不可小觑。赛格和维尔森曾经指出，一种专业最显著的特征之一是指存在专业组织。美国卡内基促进教学基金会主席舒尔曼教授等人亦认为，"我们说某人是专业人员，即是说他是某专业中的一个成员。专业知识由专业人士团体掌握。社团不但比个体掌握了更多的知识，而且负有一定的社会与伦理责任……如若没有专业社团组织的存在，个体专业人员就会陷入一种自我的圈子中，只相信他自己的经验具有教育价值。通过创造和培育专业社团，个人的经验才能变成公共经验，人们才能共享专业知识并推动实践发展水平的提高"。① 因而，专业是一种团体的存在，而非个人的存在。在我们推行专业化或专业发展的过程中，必须以专业团体或组织为根本依托，教师专业伦理的发展亦是如此。建立和完善专业性的教师专业伦理组织或委员会，促进专业人员的专业认同感和伦理发展，这是建立专业性伦理支持体系的首要任务。

## （一）组建教师专业伦理组织或委员会

"专业组织（professional organization）是具有共同思想或志趣的人组成的团体或协会，它能够给其成员提供支持或其他资源，出版相关资料，为自身事业的发展而努力。"② 其目的主要在于为自己的成员提供"权利、财产、资金和学习资料"，以维持或提升职业的专业性，维护本组织的利益，促进专业发展。熊华军、丁艳探讨的美国大学教师专业组织的特征同样适用于一般教师，主要具有以下三个特征，"第一是独立经营性。不依附于联邦政府或州政府抑或财阀等利益集团，他们是非营利性机构，这能保障其客观、公正、公开地开展工作。第二是自主创新性。这些专业组织类型繁多，有各自的工作重点和工作理念，因此，每一个组织的工作都各具特色，真正做到以创新的方式促进美国大学教师专业化成长。第三是合作互补性。尽管每一个专业组织彼此各不相同，但涉及一些共同问题时，往往采取合作的方式，依靠彼此的力量、发挥各自的优势"。③ 因而，与行政机构

---

① 〔美〕李·S. 舒尔曼：《理论、实践与教育的专业化》，王幼真、刘捷编译《比较教育研究》1999 年第 3 期。

② 〔美〕Lynda Fielstein and Patricia Peldps：《教师新概念——教师教育理论与实践》，王建平等译，中国轻工业出版社，2002，第 228 页。

③ 熊华军、丁艳：《美国大学教师专业组织使命的实现》，《现代大学教育》2013 年第 5 期。

或部门不同，专业组织具有自治性、服务性、教育性和公益性等特征，它的权力建立在专业知识和服务的基础之上，通过同行评价、同伴评估和教师自律等方式起到规范、管理专业的作用。因而有学者提出，"专业性的组织是促进从业人员职业归属感和激发职业潜能的有效助推器"。①

在美国，教师类专业组织数量繁多、种类丰富，主要包括美国全国教育协会、美国教师联合会、教师教育学院协会和美国全国专业教学标准委员会等。其中，全国性的专业组织美国全国教育协会对美国教育的影响最为全面和深远，它不仅"塑造和规范美国教师和教学专业、关注与推进美国教育的各专门领域"，还参与和介入"地方与州的教育事务、影响干预美国教育决策"。② 美国全国教育协会作为一个全国范围内的综合性组织，对教师专业伦理问题十分关注，它于 1924 年成立了"教师专业伦理委员会"（Committee on Professional Ethics）。教师专业伦理委员会主要承担理论指导和实践监督两个方面的职责。从理论层面来看，教师专业伦理委员会重在制定和解释全国教师通用的专业伦理守则，为教师专业行为提供伦理与价值依据。它一直在努力号召各地区和州的教师专业伦理委员会分会解释、宣传教育专业伦理守则。经过五年不懈的努力，美国全国教育协会于 1929 年公布了第一部《教师专业伦理准则》。此后几经修改，得到协会全部教师的认同，在世界范围内也引起了强烈的反响，为世界上很多国家的师德建设和专业伦理发展提供了理论与实践的支撑。从实践层面来看，教师专业伦理委员会依据自己制定的教师专业伦理守则提出具体的实施举措，不仅注重监督并惩处教师或教育工作者在专业中的不道德行为，通过建立一系列审议、申诉、听证等民主程序处理教师专业伦理

---

① 王淑仙等：《专业组织：辅导员专业化的有效载体》，《思想理论教育》2009 年第 1 期。
② 龚兵：《全国教育协会：美国教育界一股不容忽视的力量》，《湖南师范大学教育科学学报》2006 年第 4 期。

相关问题，它还通过处理问题的过程对教师的具体专业行为进行规范。"这一重执行结果而非建议的工作形式，直接促进了美国教师向专业人员的转变，为美国教师作为专业人员奠定职业思想与职业行为的基础。"① 而且专业组织在对教师进行监督和评价时，在判断教师行为是否符合伦理标准时，并不像教育行政组织那样仅仅对教师行为进行裁决和处罚，而是从教师发展的角度出发，侧重帮助教师意识到专业中的伦理意义和问题，并帮助其积极提升自己的伦理品质。因而，在专业性组织中教师能够以一种开放的态度进行交流和学习，降低了教师的顾虑。此外，教师专业伦理委员会和美国全国教育协会等专业性组织本身还为教师提供了一个公共平台，依据这个平台，教师可以透彻地思考专业生活中出现的有难度的伦理问题和伦理困境，为教师摆脱伦理困境提供开放的资源和专业的帮助。

我国教育行政部门对教师道德建设工作非常重视，各级部门均有专门的人员负责该项工作。如教育部教师工作司中专门设立了师德建设处，每个省级师范教育处有专门人员负责中小学教师师德建设问题，各个学校也有主管教师德育的副校长和专门的工作室。与体制内的教师德育组织相比，教师专业组织并未发展起来，专门为教师提供专业伦理支持和监督教师专业行为道德性的组织也未建立。目前，我国与会人数最多、影响最大的教育组织有教师工会和全国教育委员会等组织。中国教科文卫体工会是我国教师工会组织，从 2013 年修订的《中国工会章程》中来看，"中国工会是中国共产党领导的职工自愿结合的工人阶级群众组织，是党联系职工群众的桥梁和纽带，是国家政权的重要社会支柱，是会员和职工利益的代表。它的基本职责在于维护职工合法权益"。② 从其章程上来看，工会组织并不是独立发挥作用的，而是要在中国共产党的领导之下，协助人民政府开展工

---

① 周燕：《美国全国教育协会功能探析》，硕士学位论文，华东师范大学，2002。
② 《中国工会章程（修正案）》，中国全国总工会，http：//www.acftu.org/template/10001/file.jsp? aid=81124。

作。在实际实施过程中，工会组织更不是"独立经营"的组织，各级工会组织都属于法人团体的一个机构或部门。它的机构设置、人事任免、工作原则和工作方式无一例外地采用行政组织的官僚制。有许多地区将工会人事管理纳入行政编制或事业编制，前者意味着工会直接成为政府行政部门的类属机构，后者的经费一般也由国家事业费开支。而且无论是行政编制还是事业编制，都会参照《公务员法》进行管理。因而，尽管我国教科文卫体工会与教育部印发并修订了《中小学教师职业道德规范》和《高等学校教师职业道德规范》等全国性的职业规范，但其缺少专业组织的基本特性，因而仍然难以将其视为专业性组织。中国教育学会作为规模最大的全国教育类、群众性、非营利性的学术团体，设有"中国教育学会德育专业委员会"和"中小学德育研究分会"等分支委员会，针对学校中的德育问题进行理论研究和实践探索。然而，其章程中显示，中国教育学会专职工作人员的工资、保险、福利待遇都参照对事业单位的有关规定执行，其秘书处专职人员属于教育部直属事业单位人员，其理事会会长由教育部任命。中国教育学会想要制定学科、专业标准，组织教育评价活动时，要由主管部门授权或受主管部门委托。"它接受业务主管单位教育部、登记管理机关民政部的业务指导和监督管理。"① 因而，可以看出，中国教育学会也不能算得上是真正意义上的专业组织。

严格说来，类似于美国全国教育协会的具有独立经营权和自主权的专业组织在我国并不存在。然而，只有独立于政府行政机构的专业性组织，才是真正出自教师自身的需要并和教师实践紧密联系的组织。目前，我国影响较大的教育组织从根本上来讲是半官半民的性质，只能为政府提供建设性的建议，总的来说，其"只能以教育决策的追随者和执行者的形象出现，难以施展其对教育决策的'压力'

---

① 中国教育学会官网，http：//www.cse.edu.cn/。

和'影响力'",① 更不具备有效的手段维护教师的利益，只能以学术支持的方式赢得教师的信赖和承认，难以发挥专业组织促进专业发展的根本功能。只有教师们有建立专业组织的愿望并建立起具有独立经营权的组织，才有可能真正促进教师的专业地位，也才能激起教师对专业伦理自觉的关注和要求。因而，组建教师专业伦理专门组织或委员会时应保证其专业性和群众性，尽量避免教育行政部门的过度干预和控制。这样才可以为教师的发展搭建更加民主、自由和开放的平台，为他们提供信息、资源服务，规范、约束教育机构及相关人员的行为。

从以上分析可以看出，在我国要建立起能发挥专业组织功能的教师专业伦理委员会，首先要解决的是协会的独立经营和自主管理问题。解决这一问题的关键在于政府的转型增能和简政放权，为专业组织营造一个良好的社会环境，制定更完善的指导、管理、扶持性政策和法规，使专业组织能够自主依法运行。如果政府不能转变传统上的直接干预、微观管理和直接管理习惯，那么即便是教师自发组建起来的团体，最终也不可能成为真正的专业组织。对于已经成立的教育组织或工会来说，如果想要保证其组织的专业特性，必须在"'人员、场所、经费'等方面与主管部门'三脱钩'",② 厘清它们与政府的关系。政府也应主动帮助组织摆脱与政府部门之间的从属关系，重塑其专业自主性和凝聚力。

此外，专业组织要利用信息网络技术有意识地搭建公共的信息资源平台和支持体系。运用现代的信息网络可以建立庞大的专业伦理资源库和案例库，对教师遭遇的专业伦理困境进行专题探讨，为广大教师进行专业伦理决策提供借鉴。此外，网络的匿名性可以使教师在公共平台内公开探讨涉及专业伦理的相关议题与困境，在某种程度上缓

---

① 龚兵、姜文郫：《中美教育专业团体的功能比较——以中国教育学会和美国全国教育协会为例》，《学会》2009 年第 1 期。
② 沈旭军：《我国第三部门独立性缺失的原因及其对策探析》，硕士学位论文，南京师范大学，2013，第 42 页。

解教师专业伦理和道德的私密性问题。这一公共平台的搭建，还可以使教师在遇到专业伦理困境时找到相对专业、相对安全的渠道，打消教师在寻求帮助时害怕遭受嘲笑和行政处分的顾虑。教师还可以通过加入专门的 QQ 群、BBS 论坛以及其他网络信息交流交往工具进行匿名或实名的交流。据不完全统计，以"师德""师德师风"为关键词命名的 QQ 群已达到数百个，有些较大的群，成员多达近千个。从群的命名来看，有相当一部分群是师德培训的同学群或教师考试的师德考试交流群，并没有发现对师德或伦理问题感兴趣而自发组建的教师群。教师专业组织还可以通过这些交流和交往途径为教师提供便利的支持，这样可以使教师在平时讨论中意识到专业行为中的伦理维度，使他们遭遇到专业伦理困境时及时、便利、安全、低成本地获得专业水准的帮助和支持。

## （二）重建教师专业伦理规范

尽管专业伦理规范对陷入专业伦理困境的教师能起到的作用非常有限，"这些准则无法解决主要的道德两难问题"，[①] 专业伦理规范中相互冲突的价值可能还会给教师带来伦理与价值困境。但如果缺乏专业伦理规范的指引和规约，教师在面对纷繁复杂的专业伦理困境时，就会缺乏根本的指针和路标，不能摆脱简单的、基本的专业伦理困境。"对于新教师、感到困顿的教师或者刚愎自用的教师来讲，行为规范提供了指导方针。"[②] 因而完善教师专业伦理规范及解释体系，可以为教师提供最根本的伦理指南和要求，可以在一定程度上为教师摆脱伦理困境提供一定的理论依据和支撑。

---

① 〔美〕约翰·I. 古德莱德、〔美〕罗杰·索德、〔美〕肯尼思·A. 斯罗特尼克主编《提升教师的教育境界：教学的道德尺度》，汪菊译，教育科学出版社，2012，第196页。
② 〔美〕约翰·I. 古德莱德、〔美〕罗杰·索德、〔美〕肯尼思·A. 斯罗特尼克主编《提升教师的教育境界：教学的道德尺度》，汪菊译，教育科学出版社，2012，第197页。

自 1984 年我国第一部中小学教师职业道德规范《中小学教师职业道德要求（试行)》颁布至今，共历经了三次修改。从 2008 年教育部和中国教科文卫体工会全国委员会联合颁发的《中小学教师职业道德规范》来看，尽管无论是道德规范的形式还是内容都比以往的规范更加丰富，然而，政治导向的经验型师德这一特点仍旧非常突出。目前的师德规范仍旧缺乏对"教师工作的专业特性"的反映，显现出概括、随意、不具体的特点。[①] 这种笼统、概括的师德规范在实践中难以操作，实用性较弱，与之配套的解释体系和实践保障体系难以建立。因而，从一般性、概括的道德要求到具有道德法典意义的专业伦理规范的建立成为急切的现实需要。在"承认专业性存在的前提下开展教师道德规范的制定工作，……从专业发展的角度理解教师专业道德建设"[②] 是未来教师伦理与道德发展的新走向，也是对教师专业生活和实践中伦理问题进行讨论的第一步。从专业的角度重新考虑教师职业道德的内容、形式和理念，确立符合时代发展与要求的专业伦理规范的关键在于从专业实践出发，这就要求必须正视和考虑教师面临的所有潜在专业伦理困境。建立专业伦理守则可以明确从业者"在专业义务出现冲突或伦理上没有把握的时候"[③] 需要考虑的相关因素，为处于专业伦理困境中的教师提供基本的帮助。

## （三）建立专业伦理的保障体系

"在师德规范建设中，师德规范的制定与师德规范执行机制的完善同等重要。尤其在师德规范执行机制并不健全的今天，与师德规范

---

① 檀传宝：《论教师"职业道德"向"专业道德"的观念转移》，《教育研究》2013年第 1 期。

② 檀传宝：《论教师"职业道德"向"专业道德"的观念转移》，《教育研究》2013年第 1 期。

③ 〔美〕拉尔夫·多戈夫等：《社会工作伦理：实务工作指南》，隋玉杰译，中国人民大学出版社，2005，第 220 页。

文本制定相比，师德规范执行机制的完善更为关键。"① 也就是说，"师德规范的有效执行不仅在于师德规范的合理制定，更为重要的是需要建立和健全一套能够具有一定执行力度的道德专业组织和机构"。② 目前，我国师德建设的手段包括约束和激励两种。从对教师的道德要求和约束来看，我国师德规范的执行主体是各级各类行政主管部门，师德建设专业工作与师德考评也都由非专业的、官僚性组织进行的。这种以行政管控师德的方式固然具有外在的法定效力，对推进教师师德建设起到了一定的作用。然而，由于这种方式偏重对教师个体的道德要求，大多时候属于一种单向的、外在于教师的政治或行政意志，只能从底线伦理的角度防止教师行为失范。行政主管部门经常采用树立师德榜样和奖励师德先进个人的方式激励教师自觉提升自身道德水平。但是，目前我国的师德建设模式既不能从根本上起到激励和促进教师道德发展的作用，又忽视了教师专业生活的伦理维度。因而，改革现有的师德建设方式，完善教师专业伦理规范的保障体系迫在眉睫。以监督问责制系统为核心的保障体系可以为教师专业伦理建设提供一种有益的思路。由于每一个社会服务机构都要为其所作所为负责，"想要用积极的方式履行这一责任的社会服务机构必须建立和运作问责制体系。这类系统包括：信息系统与监察机制，工作活动决定的抽样检测方法，清楚地说明要达到的工作质量指标和清楚的反馈系统，让机构可以及早察觉有问题的情况"。③ 问责体系中必须包括教师专业伦理的表现指标，使机构可以按照评估成绩和效率一样，系统地追踪和评估教师做出的各种伦理决定，并给教师提供指导意见。对教师应对专业伦理困境进行评估，帮助教师澄清和反思决定中

---

① 檀传宝：《走向新师德：师德现状与教师专业道德建设研究》，北京师范大学出版社，2009，第75页。
② 檀传宝：《走向新师德：师德现状与教师专业道德建设研究》，北京师范大学出版社，2009，第66页。
③ 〔美〕拉尔夫·多戈夫等：《社会工作伦理：实务工作指南》，隋玉杰译，中国人民大学出版社，2005，第222页。

的伦理维度，进一步提高教师的专业伦理水平。

　　除了机构的问责体系之外，保障体系还包括监督机制的建立。尽管对于专业来说，其系统专业的知识可能会将普通民众和服务对象排除在监督机制之外，专业人员主要靠同行评议和自律约束来规范自身的行为。但通过公开相关信息和设立专门申诉机构等途径可以加大公众与服务对象的监督参与度，为监督提供根本依据和支持平台。公开相关信息意味着要公布和教师专业伦理相关的各种信息，这不仅包括教师专业伦理规范的内容及解释系统，还包括当事人的各种权利条款。信息公开意味着，专业涉及的每一个人都非常明确地知道自己的责任与权利，防止教师在不知情的情况下损害学生或家长的利益。其中，当事人权利条款不仅可以让学生和家长明确地了解自己的权利，还会告诉他们如果受到不公正待遇，可以寻求哪些渠道进行反映。当事人权利条款还可以促进专业人员"考虑用清楚的、翔实的说明文件让新当事人知道他们可以期待自己碰到的专业人员做些什么，在需要提出问题或澄清疑惑时可以使用什么机制，以及申诉意见的程度"。[①] 由于专门的伦理规范、伦理操守和当事人权利条款都会被公开地解释和讨论，这会为专业营造一种伦理氛围，使伦理维度可以得到所有专业相关者的理解，使各个利益相关者都可以参与民主的监督。申诉是专业对象表达自己意见和维护自身权益的一种方式，一般是在受到不公正待遇或对各种判决不服时使用。拥有完备的申诉渠道和程序是保障专业水平的重要手段。我国申诉渠道和范围比较狭窄，进行申诉并不普遍，在教师行业尤为如此。申诉程序复杂、起到的作用有限、当事人的不知情等因素都会影响申诉的作用与效果。申诉程序的不完善、不普遍和不透明会使从业人员较少考虑和顾忌行为的后果，使他们简单化、经验化地应对专业实践中的伦理困境，不会对困

---

① 〔美〕拉尔夫·多戈夫等：《社会工作伦理：实务工作指南》，隋玉杰译，中国人民大学出版社，2005，第 223 页。

扰他们的伦理困境做出审慎的思考、分析和决定，使专业伦理决策流于情绪化和习惯性，给服务对象带来不良的影响。健全申诉程序不仅可以防范和纠正教师犯下的错误，更为重要的是，它可以促进教师敏锐地察觉到专业行动中涉及的伦理议题。

传统的职业道德教育目的在于提升教师的道德素质及教师对道德规则的认同感。然而，对于作为专业的教育来说，单纯的伦理规则服从和具备高尚品质的教师已经不能应对充满变化与矛盾的专业生活，重视伦理理性的师德和专业伦理教育成为新时代教师发展不可忽视的组成部分。教师专业伦理教育与传统的师德培训最大的区别就在于，前者虽然也重视教师对专业伦理规范的理解和认同，但它不会把教师对规范的服从看作最终目标，它强调的是教师通过批判性探究的过程逐步形成专业自我、专业信念和专业精神。专业伦理教育认为，在批判探究的过程中，专业人员的伦理理性和探究态度非常关键。在专业伦理教育中，教师遭遇的专业伦理困境会在批判探究的过程中发挥不可忽视的作用。

## 二 提升教师的专业伦理素养

专业伦理教育目标的实质是对教师伦理形象和其所应具备的伦理素养的一种设想或规定。无论是想实现教师教育的社会价值，还是提升个人的综合素质，都必须着眼于教育专业实践的层面。从实践的层面来看，基于专业伦理困境的专业伦理教育的目的在于使专业人员"在面对专业活动中的伦理冲突时，发挥专业人员的自主性、自律性、创造性，并本着'不伤害'的原则以符合专业要求的方式作出恰当的抉择"。[①] 教师要在专业伦理困境摆脱的过程中，提升教师的综合专业素养，使教师成为具有专业伦理理性的专业人。从大德育观

---

① 罗肖泉编著《社会工作伦理教育研究》，中国矿业大学出版社，2005，第31页。

来看，提升学生的道德素养要从人学理论视角入手，真正做到以"生"为本，必须关注学生的生存、生长、生活三个生命维度，[①] 对于教师同样需要秉持这样的理念，要在教师的日常专业生活中提升教师的伦理理性。具体来说，专业伦理教育的目的在于培养教师的专业伦理知识基础和提升教师的专业伦理能力。

## （一）夯实教师的伦理知识基础

专业伦理知识是通过专业研究或实践活动获得的关于"善"或"应当"的认识成果的总称。从教师专业伦理教育的知识基础来看，包含着两种不同形态的专业伦理知识：理论化、系统化的理性伦理知识和教师的实践伦理知识。前者以"理论实践化"的"技术理性"为指导，强调将客观性的理论知识应用于实践活动之中。在这种知识观中，伦理知识就是对人类道德与伦理生活中存在的统一的、确定基础的总结，如康德所提出的"绝对命令"或罗尔斯的"基于公平的正义"等。后者以实践性认识论或反思性实践为基础，着眼于实践中问题的解决和实践主体所拥有的知识。它在承认"模糊""矛盾""不确定"等实践特性的基础上，强调实践主体在行动中的"观察""反思""反映"。亚里士多德和麦金太尔主张的德性知识论就属于此类。尽管有学者认为"命题的知识和实践的知识这两种路向逐渐走向一种融合的趋势，这使得我们对教师知识的看法难以持一种干脆的、排他的观点"。[②] 尽管无论是在理论上还是实践中都不可能将这两种知识截然分开，但对伦理知识的这种区分却导致两种截然不同的专业伦理教育传统和模式。

理性伦理知识（技术理性导向的伦理知识）的中心在于外在的

---

① 易连云、李琰：《试析德育回归生活的价值选择》，《中国教育学刊》2013年第5期。

② 参见王艳玲《培养"反思性实践者"的教师教育课程》，博士学位论文，华东师范大学，2008，第102页。

客观性知识。创造知识的主体是科学家、伦理学家和研究者，他们通过观察、实验、研究和思考从现实生活中抽象出明确的、确定的、逻辑清晰的伦理知识体系。教师是这些知识的消费者和使用者，他们通过客观化的学习过程储存了这些知识，并将这些知识运用于实践之中。更多时候，教师只是作为伦理知识的分销商或中转站，将这些伦理知识转手贩卖或传递给他的学生。这就是罗赛尔（Russel）所说的"把理论应用于实践"的模式，教师的教育生活和实践成为验证伦理准则和应用伦理规范的活动。在这样的知识模式之中，理论与实践之间的疏离是不可避免的。为了保证理性伦理知识的系统性和逻辑严密性，研究者一般从某一个方面入手或具有特定的问题指向，这会带来不同的角色观念和范式间的相互冲突，依靠工具理性解决这类冲突有极大的局限性。加之教师真实的实践是由无数令人困扰的不确定、不稳定和冲突性的"杂音"构成的真实图景，受理性主义认识论约束的教师大多会逃避这一图景，他们"选择干爽坚实的高地，饥渴地拥抱精确严谨的科技，为坚实专业能力的形象而献身，或是因为害怕迷失而选择自限于一种狭窄的科技实践之中"。① 理性伦理知识的生产者将这些低洼的湿地排除在伦理知识的殿堂之外，否定这些情境的价值及其合理性。其使用者或客户（教师）的重心在于如何更高效、更合理地运用这些规范和原则摆脱伦理困境，一般来说，他们站在情境之外，来分析事件中所包含的伦理因素并在可选择的策略中进行伦理判断或选择。而这些伦理因素或判断对于他们来说并不具有生命上的意义，他们没有开放其心灵，也不会进行深入性的思考、想象和体验。由于"理性伦理知识"大多以客观化、系统化的形式展现，因而学习伦理规范、伦理原则和原理成为必要的环节。概念体系、分析技术和方法是理性伦理知识的核心构成要素。在理性伦理知识的获得

---

① 〔美〕舍恩：《反映的实践者：专业工作者如何在行动中思考》，夏林清译，教育科学出版社，2007，第35页。

过程中，伦理知识体系是最根本的前提，没有伦理理论学家研究的成果，没有功利主义、义务论和德性论这些理解问题和解决问题的工具，就不可能有教师理性的认知过程。因而教师的首要任务就是要学习和掌握伦理原理、规则和伦理思考模式。

像"伦理学家"那样思考是获得理性伦理知识的有效途径之一。教师"在一块坚实的高地俯视着一片沼泽地"（舍恩语），教师知识的重心在于远离实践沼泽的科学知识之上。他们以理性的态度冷静地观察和对待实践中的问题，这些问题几乎不涉及主体的情感卷入、态度倾向和价值观念。教师掌握的是系统的、客观的伦理知识，这些知识可以用来处理结构良好的专业情境，或将真实的情境简化为结构良好的问题。复杂、变化着的真实情境被简化、固化为一些片段，其中的脉络性和社会性文化因素被排除了。即便是在案例学习这种实践性较强的方式中，也只是将复杂情境中涉及的伦理因素抽象出来，对其中所包含的伦理价值按照特定标准进行排序，考虑行为所带来的所有结果，并将可能方案进行对比，最终选择出合理的实践策略。这种思维程序化过程已经在医学、社会服务和其他专业中被广泛运用，在一定程度上培养了专业人员解决问题的能力和做出合理决策的能力。

实践性伦理知识的中心是实践情境脉络中的主体或共同体。伦理知识不再独立于主体的客观性存在，而是主体或共同体建构的结果。它是一种"主体地参与问题情境，同儿童形成活跃的关系，并基于反思与推敲，提炼问题，选择、判断解决策略的'实践性学识'。从这个立场出发，教育实践是包含了政治、伦理价值的实现或丧失的文化的、政治的实践"。① 从这个意义上来看，实践性伦理知识不仅是对实践的伦理价值的认识，对实践中伦理问题的解决和处理，更是教师对自己专业存在方式的一种理解。因而，教师的实践性伦理知识是

① 〔日〕佐藤学：《课程与教师》，钟启泉译，教育科学出版社，2003，第240页。

一种存在论的知识，它关系着教师如何建构实践和交往意义，并进一步实现这些意义。由于教师实践性知识具有主体性、复杂性和情境性等特征，因而它的形成和变化是一个不断更新和不断建构的过程。它要通过"行动中反思"和"反映性对话"的方式养成（舍恩语），在实践知识的养成中，思考与行动结合在了一起，科学知识体系并不必然先于或导引实践行为，反映性的行动探索对实践知识的养成具有决定性作用。因而，共同体对情境或事件中伦理意义的理解和建构是实践伦理知识的核心。

陈向明团队提出的"四要素模型"可以为我们理解教师实践性知识的生成提供一个静态的理解框架。要把主体、问题情境、行动中反思和信念这四个要素看作一个相互联系的整体，它们"必须以'打包'的形式呈现。虽然教师实践性知识仍旧被我们定义为'信念'，但这个信念必须与其他三个因素同时出场"。[①] 但对于教师的实践伦理知识来说，以教师为主体的社团是比教师个体更为适合的主体。虽然说教师个人要具有伦理敏感性和伦理主体意识，要能意识到自己的专业行动是一种伦理性活动，但他更要明确地意识到自己和他人（学生、同事、研究者等）要共同建构"主体间"的伦理意义。只有这样，当教师遇到问题或困境时，他才不会将其简化为事务性活动，将共同体中的同伴对象化。社团概念的提出会促进教师从伦理、文化、社会和政治的角度来重新框定问题。行动中的反思（框定问题）不只是教师自己的努力和尝试，而是在不断进行对话的过程中进行的行动。通过主体间性的对话对问题情境进行重构（即问题框定）是行动中反思的关键环节。通过行动中主体社团对行动中反思就会使教师社团获得新的实践伦理知识。也许这些知识并不足以解决或应对问题或情境，这就需要再次进行反映性对话和反思性行动，对

---

① 陈向明等：《搭建实践与理论之桥：教师实践性知识研究》，教育科学出版社，2011，第148页。

话、行动、重构和反思同时发挥作用，不断形成实践性知识。动态的生成是实践性知识养成的过程特征。

总的来说，对教师专业伦理知识及其获得方式的不同认识和看法，带来了两种截然不同的教育方式。前者最终指向的是"伦理学家"的教师，后者的终点在于作为"伦理实践者"的教师。不同的伦理知识观念规定了伦理知识获得手段与途径的差异。理性伦理知识的基础是系统化的伦理知识、原理和规范，像"伦理学家"那样思考是获得理性伦理知识的有效途径之一。实践伦理知识是伦理主体存在的一种方式，是主体对自身实践的反观性认识和理解，反映性行动是实践伦理知识的特有方式。依据伦理知识的特性，夯实专业伦理知识基础是专业伦理教育中值得注意的问题。

### （二）发展教师的专业伦理能力

面对多元复杂的社会和专业环境，专业不再需要一个只会记住专业伦理规范、依循既定规范的人，而是需要依据理性进行专业伦理判断的人。现代专业对伦理能力的关注与强调是伦理教育重视"伦理理性"的必然要求。由于"理性的道德教育寻求促进自主的道德判断的发展和根据公平的原则来解决争论和达成一致的能力的发展"，[①]以反思性推理为核心的主体伦理能力的发展成为专业伦理教育的重要组成部分和根本要求。想要实现专业伦理教育的新目标，需要了解伦理能力是否等同于道德能力、为保证专业实践品质需要哪些伦理能力等问题。从历史上来看，无论在中国还是在西方，都不乏哲学家和思想家对道德能力的概括性论述。但对道德能力进行科学的、系统的研究和论述还是得益于心理学对能力概念的关注与兴趣。广义上，道德能力包括知（道德判断）、情（道德情操）、意（道德实践意愿）三

---

① 〔美〕基伦等主编《道德发展手册》，杨韶刚等译，教育科学出版社，2011，第703页。

个方面。"道德判断力是指在实际情境中明辨是非善恶的知性能力，道德情操是一种乐于行善并嫉恶如仇的情感，道德实践意愿是有意根据道德判断及道德情操而采取行动的态度。"① 这种广义的道德能力概念将道德认知、道德情感和道德意志等个体的主观方面都看作道德能力的组织部分。狭义的道德能力是指选择道德行为和实现道德价值的能力，或"道德主体认识道德现象、理解道德规范，在面临道德问题时，能够鉴别是非善恶，作出正确评判和道德选择，并付诸行动的能力"。② 这种狭义的概念将道德能力看作个体的道德理性能力，认为道德理解、判断、选择和推理能力是道德能力的核心要素。从哲学意义上来看，道德能力包括合理的价值观、正义感和仁爱心、自主意识和责任感等三个层面的内涵。③ 任重远在论证道德与能力具有关系的基础上提出，道德能力是人道德实践的产物，是包括道德自觉能力、道德自律能力和道德自由能力的持续提升转换的能力范畴。具体来讲，"道德能力是人之仁化的能力，是一个人自觉实现其道德潜能，追求其道德人格的道德自我修养能力"。④ 从以上的分析可以看出，学术界对道德能力的内涵仍没有达成一致的认识。但大多研究都将道德能力看作道德主体具有的、对道德问题进行思考、判断的能力或情感，多从个体道德发展和处理道德问题的角度运用道德能力这一概念。尽管道德与伦理的侧重点有所不同，前者更重个体，后者偏重主体之间的关系，但伦理能力的根本着眼点，在于提升个体的道德能力以更好地安排专业中的伦理关系，处理专业中的伦理问题。因而，从这个意义上来看，道德能力是伦理能力的重要基础与核心构成部分。

---

① 参见朱建民《专业伦理教育的理论与实践》，《通识教育季刊》1996 年第 2 期。

② 钱广荣：《道德能力刍议》，《理论与现代化》2007 年第 5 期；欧阳剑波：《论人格完善与道德能力的培养——我国高校道德教育的目的探讨》，《思想政治教育研究》2006 年第 4 期。

③ 曹刚：《论道德能力》，《哲学动态》2006 年第 7 期。

④ 任重远：《道德能力研究》，博士学位论文，中南大学，2009，第 23 ~ 31 页。

对道德能力或伦理能力的重视在专业教育中表现为对专业人员道德能力和伦理能力的重视与培养。有学者将伦理敏感性、伦理判断、伦理分析技巧和回应伦理争论与模棱两可的情况的能力作为专业伦理价值和伦理教育的主要目标。[①] 他们认为专业伦理能力包括对专业伦理议题的敏感性、伦理判断能力、分析能力和摆脱伦理困境的能力等方面。学者王凯也明确指出，在现代教师教育中，应该注重培育教师的"德能"（包括道德能力和道德教育能力）。[②] 他认为教师"德能"是一个涉及面很广的概念。在价值多元背景下，教师迫切需要道德敏感、道德推理、道德宽容与道德信任等方面的"德能"。从专业伦理困境的视角来看，教师专业伦理能力是指教师应对专业实践的伦理问题所应具备的各种能力的总和。

教师的专业伦理素养和传统的教师的道德品质或德性有所不同，后者更加侧重于培养教师的道德观念、情操与品质，更注重教师的个人品质的养成与要求，它或将教师善、教师公正与责任感视作教师道德的核心，或将敬业精神、师爱、为人师表、教育创新、团结合作和乐业作为师德修养的目标。[③] 前者则更看重教师的伦理推理、思维和判断能力。对于专业教师来说，负责任的行动是专业活动的基本要求。在现代教育环境中，教师品质与德性固然是教师专业伦理的重要组成部分，但当教师遇到专业实践中的伦理困境时，伦理素养的作用就显得极为必要了。

现代教师需要具备用专业伦理能力来省察专业的伦理维度，要想对专业进行伦理反思，并表现出知行合一的专业伦理素质，需要具备以下两方面的内容。首先，要具备普遍的伦理原则、规范以及实践经验的相关知识。伦理理性知识是辨析伦理维度的前提和基础，如果缺

---

[①] 罗肖泉：《高等学校专业伦理教育论纲》，知识产权出版社，2011，第 85 ~ 89 页。

[②] 王凯：《教学作为德性实践》，博士学位论文，华东师范大学，2008。

[③] 叶澜、白益民等：《教师角色与教师发展新探》，教育科学出版社，2001，第 47 页；唐凯麟、刘铁芳主编《教师成长与师德修养》，教育科学出版社，2007。

乏这种知识，教师只能出于本能、直觉，或依靠经验和习俗来对待专业。伦理实践性知识是应对复杂情境所必须具备的经验性知识，是教师在实践中发现自我、处理关系的基础。如果缺乏这类知识，教师就会与实践疏离，失去或推卸自己承担的伦理责任，丧失专业角色和专业身份的自觉意识。其次，教师还要具有伦理反思和判断能力。在进行伦理判断的过程中，丰富的伦理敏感性就具有极为重要的作用。

### 1. 培养教师的伦理敏感性

敏感性是指"个人对社会情境与他人需求的觉察与推论，也包括能想象可能的行动，以及每一个行为对他人利益的影响，所有敏感性涉及同理心和角色取代的技巧……"① 伦理敏感性又被称为"道德敏感性"，是指个体对社会情境中的伦理维度和伦理意义的觉察和推论。缺乏伦理敏感性或缺乏伦理自觉的教师，可能会感知不到专业实践中的伦理困境，他们也承受了较少的紧张、压力和心理不适。但从专业伦理的视角来看，缺乏伦理敏感性与自觉性的教师可能更少地从伦理的视角和维度去理解自己的专业生活、专业责任和专业实践，最终会降低专业服务质量，影响专业的社会声望，也可能会给服务对象（学生与家长等）带来难以评价和无法预料的伦理与道德风险，会将自己置于伦理危机之中。感受不到或没有困境和冲突的教师可分为几个类型。第一，教师意识不到自己面临的选择中的道德本质或伦理维度。第二，教师具备较高的伦理素养，非常清楚自己的价值观和社会优先次序，做出选择轻而易举。第三，做出各种决定成为例行公事，教师凭直觉或习惯进行判断和选择。这并不意味着不经过伦理反思进行的判断一定是错误或不道德的，而是指这种决定会让教师不再经常进行反思，会带来较多的伦理风险。因而，尽管较高的伦理敏感性有可能意味着更多的烦恼、困惑与选择困难，但它可以减少学

---

① 参见李宜玫《国小教师专业伦理决定之研究：概念发展与历程模式验证》，博士学位论文，台北：台湾师范大学，1994。

生面临的伦理风险、提升专业的服务质量和社会声望、促进教师的专业发展与道德成长。

道德敏感性在道德心理学的"四成分模型"[①] 中又被称为伦理自觉意识，指道德主体识别伦理问题或分辨道德与非道德事件的一种能力，"道德情境中的行为主体觉察自身行为如何影响他人，并做出不同反应的意识"。[②] 有时它又被看作一种道德想象力（moral imagination），指"一种发现、评价并按可能性行事的能力，而不仅仅是被特定环境、一系列操作思维模式或一组规则所限定"。[③] 这两种能力都具有区分和辨别出实践中伦理维度的重要功能。前者一般被看作道德判断或行为的逻辑起点以及区分道德和非道德的一种能力；后者更注重发掘情境中的伦理可能性，有了这类意识和能力，就不会将专业生活简化或去伦理化。伦理自觉意识是对道德程序性思维模式和规范规训的一种反动，它强调发现情境和事件所蕴含的多种可能性程序及后果，并对各种可能性进行衡量、对比、分析，最后做出伦理选择及行动的整体性过程。20 世纪 70 年代法国心理学家穆奇艾利（Mucchielli）采用了一种传统现象学分析方法提炼了道德意识所具备的特点，他认为道德意识产生于行为悬而未决之时，且总是关系人及其责任。

从我国教师现实来看，伦理意识在传统的教师职业道德教育过程中，表现为对自己的榜样作用的自觉意识和对学生直接的道德教育责任的意识。在现代社会和知识经济社会中，随着人们对道德和伦理认识的深入，主体性的理性和自觉被视为道德和专业伦理教育的核心之一，伦理意识也就成为具有自由和选择能力教师的基本素养之一。也

---

① 杨韶刚、吴慧红：《确定问题测验与道德心理的结构成分探析》，《教育科学》2004 年第 6 期。

② 郑信军、岑国桢：《道德敏感性：概念理解与辨析》，《心理学探新》2009 年第 1 期。

③ 参见 Patricia H. Werhane，"Mental Models, Moral Imagination and System Thinking in the Age of Globalization," *Journal of Business Ethics*, Vol. 78, 2008。

就是说，当前教师专业伦理教育的基础不再建立在出自客观必然性或主观必然的义务感和责任感的伦理意识之上，而是一种和"自由与预想的行为或已实施的行为密切相关"① 的伦理自觉意识。教师不再是将社会价值输送给学生的"道德传导器"和道德教育工具，不再是单向承担道德义务的规则顺从者，而是作为一个具有伦理自觉意识的主体。他们被鼓励和敦促去"积极寻找存在于各种直接实践、政策、组织、管理和调查现象中的道德和伦理问题"，② 教师应该将自己的专业行为放到更为广阔的社会背景之下，去主动发现专业实践活动和情境中存在的权力、控制及社会正义。换言之，教师要具备发现和扩展隐性课程所具备的伦理意义的意识和能力，自觉发现专业生活中所隐含的伦理维度。

2. 提升教师的伦理判断能力

教师分辨出专业生活中的伦理因素仅仅是专业伦理教育的第一步，在面对专业问题时进行伦理判断也是关键的环节。与道德行为主义注重行为的训练不同，道德心理认识学派更注重道德主体的理性判断力和选择力的提高。德国道德心理学家林德（Georg Lind）在皮亚杰和科尔伯格道德发展阶段理论的基础上提出了道德行为和发展的"双面理论"（Dual-aspect Theory）。该理论将道德判断能力视为联结道德意图（观念、价值观、态度）和道德行为的纽带，"是指个体可以自主地区分和整合各种道德情感趋向（即道德情感），在理性的基础上作出最后判断的能力"。③ 道德情感和道德认知作为决定道德行为的两个方面在发展的时间上是平等的，即"平行发展"，但在培养上却需要根据两者的差异采取不同的方法。就算具有好的道德态度和倾向，也并不会主动地转化为道德行为，在转化的过程中还需要道德

---

① 〔法〕路易·勒格朗：《今日道德教育》，王晓辉译，教育科学出版社，2009，第11页。

② 参见罗肖泉《高等学校专业伦理教育论纲》，知识产权出版社，2011，第88页。

③ 杨韶刚：《西方道德心理学的新发展》，上海教育出版社，2007，第129页。

判断力这一中介，尽管有实验证明，"只有当个体同时具备较高的道德视角和道德判断能力时，他才更有可能作为道德的行为，相比较而言，道德判断能力和道德行为的相关程度似乎更大于道德态度。……助人者一般是道德的，他们不仅具有强烈的助人动机，更需要有道德判断的能力，才能最终将动机转化为行动"。① 对于个体来说，道德判断能力和水平对道德行为的影响已经得到了证明。但我们不能忘记另一个方面，道德能力和态度在实践和教育中并不是相互分离的两个方面。在青少年时期通过对道德两难的讨论可以很好地促进道德推理能力的提高，可以提高个体把道德规则和价值运用到具体决策过程中的能力。若仅从改变主体道德观念价值或态度来看，那成人期才是进行道德教育的最佳年龄。因为，只有到了成人期，个体对自己的生活环境有了深刻的理解，才可以更好地根据目的适当地调整自身的态度。道德行为产生过程详见图 5 - 1。

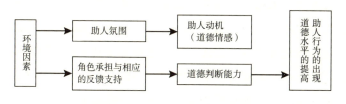

**图 5 - 1　道德行为产生过程**

资料来源：参见杨韶刚《西方道德心理学的新发展》，上海教育出版社，2007，第 161 页。

从以往在教师教育中所进行的伦理教育来看，教师教育只在很低的程度上对教师的伦理意识发挥着作用，而且远远没有我们想象得那么高。究其原因，主要是教师教育重心的改变使得教师的动机和观念也发生了变化，而且缺乏对专业伦理事件的判断的训练。对于专业教育来说，影响道德发展的重要因素在于角色承担和相应的反馈支持。

---

① 杨韶刚：《西方道德心理学的新发展》，上海教育出版社，2007，第 130 页。

对于职前师范生和准教师来说，给他们创造机会，让他们多承担一些育人的责任，并及时给予反馈和支持，可能是较为有效的方式；对于在职教师的继续教育和职场发展来说，教师角色本身就具有内在的责任，教育所做的就是促进教师进一步认识自己角色所应承担的伦理责任，并建立全面、系统的专业支持系统，让教师在开放安全的情境中可以随时获得反馈和支持。

道德选择是指行为主体（个人或社会集团）在一定目的和道德意识支配下，对某种道德行为所做的自觉抉择。当行为主体面临多种行为选择的可能性，而这些多种可能性又具有善恶对立性质，或具有道德价值上的差别时，道德选择就是对这些可能性在善恶和道德价值程度上的选择。道德选择受客观可能性和主体主观选择能力的制约。人的选择是一切价值的道德基础，一切道德体系都应包含"扩大所有人的选择自由"这一目的。如果没有人的自由选择，价值的存在也就毫无意义。无论是作为类存在还是个体存在的人，都是在不断选择的过程中"不是其所是或是其所不是的"（萨特语），从这个意义上讲，选择就是人的存在方式。道德选择更是其中最为根本的价值选择，决定着生命的本真与生活的意义。因而，从存在论意义上看，教师的道德选择决定着教师作为人这一存在的样貌及价值，并对其教育对象的存在方式有着深刻的影响。从工具层面考虑，教师道德选择是对当前教师道德惯习的一种反思与反动，通过对多种可能性进行分析综合比较，在不同价值（甚至相互冲突的价值）之间做出自觉自愿抉择。在多元价值的时代背景下，教师的道德选择能力的提升更为紧迫。以往那种遵照某种特定的道德准则和规范行动的方式日益显现出弊端，这种"道德的不道德性"所带来的影响是令人深思的。教会学生进行道德选择成为时代的强音，这必然要以教师的道德选择能力和其选择行为为前提。道德选择带来的结果和主体所应承担的责任有着直接的联系，罗国杰曾经指出，"道德选择以意志自由为前提，又以道德责任为结果，主体在自由地选择对象的同时，也自由地选择了责任"。① 教师道德选择的后果和责任作用对象是学生，对学生负责是教师专业行为的道德意义所在。

教师伦理选择所要考虑的主要因素是学生，从教师专业的公共性和作为群体的学生角度来看，公正原则是必不可少的。从作为教师专业的教育性和作为个体的学生来看，关怀原则亦不可或缺。公正是基础和构架，关怀是核心与脉络，基于公正的关怀原则是教师专业中道德选择所必须遵循的基本原则。此外，"开放的精神、民主的作风和反思的意识"② 也是教师伦理选择必要的因素。在原则的指导下进行选择才是真正伦理的选择，当价值原则有所抵牾或相互冲突时，道德妥协是必要的，教师需要面对和克服道德选择后果给教师带来的悔疚感。从操作层面来看，教师专业活动中真实存在的道德冲突是教师道德选择能力提升的起点与契机。道德冲突给教师带来了天然的道德选择情境，价值冲突情境可以促使或迫使教师进行伦理思考与反思，进而提高其道德选择水平。库珀曾经指出，人们的伦理思考有四个层次，包括"表达层次、规则层次、伦理分析和后伦理层次。由四个层次构成的框架是一个高度动态的系统"。③ 在面对日常伦理问题时，人们在这四个层次中游走，这几个层次可以让教师认识相互冲突的价值来源、澄清自己的价值观念、想象不同的解决程度、衡量比较不同的伦理价值，最终做出明智的判断和选择。

可以看出，教师的伦理敏感性和伦理判断与选择是专业伦理维度的根本要素，两者以交互的方式作用于教师专业伦理生活中。伦理敏感为伦理判断、选择提供了前提与基础，伦理判断选择过程亦离不开道德想象和道德反思。伦理维度为教师专业伦理发展提供了新视角和

---

① 罗国杰：《伦理学》，人民出版社，2004，第 360 页。
② 吴康宁：《教会选择面向 21 世纪的我国学校道德教育的必由之路——基于社会学的反思》，《华东师范大学学报》（教育科学版）1993 年第 3 期。
③ 〔美〕特里·L.库珀：《行政伦理学：实现行政责任的途径》，张秀琴译，中国人民大学出版社，2001，第 7～17 页。

新态度，有效补充了教师专业伦理规则体系的不足，使研究视角转向教师的专业实践。

## （三）提升教师专业伦理素养的方法

对于在职的教师来说，他们具有丰富的、未被挖掘的潜在伦理教育素材，但缺乏对自身经验的解读、反思和总结。他们不具有坚实的伦理理论，也没有养成对专业伦理的理性思考习惯，他们缺少进行专业伦理反思的动机和动因。要使教师在其工作中抽出特定的时间来进行比较复杂的伦理考量，对于他们来说无疑具有很大的困难。因而，必须选择和其自身经验有关的，他们有切身体会的事件或困难作为入手点。困境和问题无疑是最佳的发动机，因而以问题为中心的方法就成为进行在职教师专业伦理教育的有利方法。常见的以问题为起点与核心的方式有关键事件法和案例教学法。

### 1. 关键事件法

关键事件技术源于二战时期，是美国空军用来挑选机组人员，并将其分类的军事心理学的一种方法。通过对被试者报告的关键事件进行研究可以测定其心理水平。因而，关键事件可以算得上精神分析的一种手段。此后，关键事件又被作为一种质性研究方法，广泛运用于护理、医药、组织学习、咨询服务以及教育和教学的研究之中。最早将"关键事件"的概念引入教育领域的是美国学者沃克（Walker），他在进行教师职业研究时提出了这一概念。他认为关键事件是指"个人生活中的重要事件，教师要围绕该事件作出某种关键性的决策。它促使教师对可能导致教师特定发展方向的某种特定行为作出选择"。[①] 关键事件对个人主体的同一性非常重要，它有可能会阻碍教师专业性发展。同时，关键事件也可以成为帮助教师专业成长的工具和手段。英

---

① 参见叶澜、白益民等《教师角色与教师发展新探》，教育科学出版社，2001，第309页。

国教育专家大卫·特里普（David Tripp）曾对教育教学中的关键事件做了系统性研究，在他的《教学中的关键事件》一书中，特里普指出，教学中的关键事件是发展教师专业判断力的关键。"事件经常发生，但关键事件是由我们观察情景的方式产生的，关键事件是对事件意义的阐释。把某些事件看成关键事件取决于我们的价值判断，判断的基础是我们对事件的重视程度。"[①] 诺特等人（Nott and Wellington etc.）也针对关键事件进行过专门研究，他的研究重心在于如何用关键事件技术帮助老师更好地应对学生的不适当行为。格瑞芬（Griffin）曾将关键事件应用于指导领域，以促进教师反思性和批判性思维的发展。结果表明：对关键事件的反思可以促进教师的成长和其同一性。鼓励教师反思关键事件，可以使他们更好地应对可能遇到的伦理困境。[②] 美籍华人林晓东教授也围绕"关键教育事件"建立了成熟的培训方案和课程，为相关实践提供了理论支撑。我国也有学者将关键事件看作教师专业发展的起点、动力机制和关键因素，认为"只有课堂专业生活中的某些特定事件以及特定时期和特定人物，对教师专业发展才会产生重大影响"。[③]

可见，关键事件可能是主体不愿经历的情景，也可能是日常发生的、比较小的问题。教育活动或教育研究中的关键事件并不必然包含特别紧张的关系和情境，它们也可能是每所学校都会出现的比较平常的事件。关键事件的意义与重要性（即关键性）主要靠其主体（教师）来赋予和评定。但无论是哪种表现方式，或是突发的、极端的，或是日常的、一般的，关键事件总是对主体具有重要意义，或对其职业生涯发挥着重要的功能，或是"对人的一生有着重要标志性意义

---

① 〔英〕David Tripp：《教学中的关键事件》，邓妍妍、郑汉文译，河北人民出版社，2007。

② 参见 Orly Shapira-Lishchinsky，"Teachers' Critical Incidents: Ethical Dilemmas in Teaching Practice," *Teaching and Teacher Education*，Vol. 27，No. 3，2012。

③ 叶澜、白益民 等：《教师角色与教师发展新探》，教育科学出版社，2001，第308页。

的转折点"。① 关键事件的关键性和意义不仅在于事件本身的性质和结果，还在于它对主体的影响程度，以及主体对它的感受度。"关键事件是否成为关键事件并不取决于其自身，而是在于由其所引发的自我澄清过程、个人思维的清晰化过程，也就是包括教师个人教育观念在内的教师专业结构的解构与重构。"② 因而，关键事件是一个主观性概念。它"并不是事件本身的属性，而是人们在主观上对它的理解。如果我们认为这件事是重要的，那么它就是关键事件"。③ 关键事件之所以关键，主要在于当教师面对这些事件时所做的选择，可能会直接触及教师职业形象或职业认同。它们是教师生涯中那一朵朵跳出无意识海面的浪花，会带来教师信念、态度、行为或自我等方面的动摇或转变。关键事件中集中体现着教师对自我已有内在专业结构合理性、适应性的评价和最终决策。因而，大多数关键事件包含着教师经历的伦理困境，它们总是涉及教师信念、态度、价值观以及自我的改变。因而，关键事件也自然而然地成为进行专业伦理教育的有效方式。

关键事件不仅可以提高教师的专业判断力、促进教师反思批判性思维，它还为教师专业发展提供动力，帮助教师更好地应对学生的不当行为，促进教师的自我指导行为、控制自己的专业行为、唤醒教师潜在的伦理意识。报告存在失误的关键事件可以缓解事件给教师带来的紧张情绪和悔恨感，成为负面情绪的缓冲器。报告关键事件可以提供一个安全的、宽恕错误的模式，叙述者和倾听者都可以从这些错误中学到一些东西，从而减少类似伤害事件的发生概率。从他人的错误中吸取教训是提高自身素养的有效手段，而关键事件报告为教师提供

① Orly Shapira-Lishchinsky, "Teachers' Critical Incidents: Ethical Dilemmas in Teaching Practice," *Teaching and Teacher Education*, Vol. 27, No. 3, 2012.
② 参见叶澜、白益民等《教师角色与教师发展新探》，教育科学出版社，2001，第313 页。
③ 王洁、顾泠沅：《行动研究——教师在职学习的范式革新》，华东师范大学出版社，2007，第57~60 页。

了丰富的学习资源。有时教师会采用否定、推卸个人责任、疏远可能后果的方式来对待自己的教育失误。[①] 也就是说，教师通常会忽视或压抑自己所犯的错误，在这种情形中，报告关键事件可以促使教师去面对或考虑其不愿承担或逃避的后果，可以从一定程度上增强教师的伦理敏感性。

关键事件法包括两个面向。一是实存的关键事件，即教师已经意识到的关键事件。二是潜在的关键事件，即教师并未意识到，需要教师和教育者共同去创造的关键事件。前者是从教师亲身经历的关键事件入手，引导教师对自己曾经经历的关键事件进行反思、分析和述说以促进教师澄清价值，提升教师的专业判断力和自主能力，缓解教师的懊恼和悔恨等负面情绪。关键事件的另一层含义（意义）在于从习以为常的现象中发现其关键之处，即创造关键事件。特里普等人[②]将这一创造过程看作教师、教研员和专家学者的协同作战，将这一层面的关键事件看作行动研究的一种范式。创造关键事件就是要将平凡化为神奇，将看似平凡的事件变成"心灵的按钮"。这一过程的关键点或实质和舍恩（Schön）的"重新框定"、库恩的"范式转移"具有相通之处。较为成熟的策略包括释义、实践疑难转换为理论疑难、关键事件档案拓展和关键事件细节描述等策略。如"释义"作为创造关键事件的策略，是通过对事件的分析和解释，找到事件背后的原因，从而创造关键事件的过程。[③] 对于专业伦理教育来说，释义就不仅仅要寻找事件背后的原因，还包括寻找事件中所隐含的伦理、道德、价值和精神等因素，寻找事件所可能涉及的一切专业关系。要将这一关键事件放到更广阔的社会、政治和历史的背景之中，放到事件

---

① 参见 Orly Shapira-Lishchinsky, "Teachers' Critical Incidents: Ethical Dilemmas in Teaching Practice," *Teaching and Teacher Education*, Vol. 27, No. 3, 2012。

② 如英国学者特里普、美国学者林晓东等。

③ 陈晞、高国栋编《突破瓶颈：基于"关键教育事件"的教师教育》，学林出版社，2010，第 109~119 页。

对专业主体自我的建构之中进行考量。要考虑到关键事件对专业主体对职业形象的认同和想象的影响，对主体整个职业生涯的作用等。当然，这也并不意味着把所有的关键事件都泛道德化或伦理化，而是要尽量提高教师对专业的伦理敏感性。因而，运用关键事件法进行专业伦理教育，离不开伦理理论和价值分析等层面的分析和体悟。这必须涉及对专业关系背后价值和理念的伦理考虑，涉及教师的信念和价值的澄清，还直接涉及教师的自我、专业形象和专业结构的重组。

2. 案例教学法

现代汉语词典中将案例解释为某种案件的例子，但英文"case"的含义非常丰富，仅其常用的概念就有十几种。概括起来它有以下几重含义。第一，是指某种事例和实例。第二，是指事情和问题等。第三，是指境况、状况和方面。此外，在医学领域中它指病症、病例和病人。在法律话语中它可指违法犯罪的案件、诉讼、讼案、判例以及诉讼或争执一方所提出的事实理由和论点。① 因而，案例并不是完全虚构的，它一般源于真实专业情境中的典型事例，或是真实情境和问题的再现，或经过特别加工处理而成。含有问题、矛盾或疑难，再现事件过程和情境脉络是其最根本的特点，案例是真实的问题情境之再现或描述。一般来说，案例具有三个要素："第一，案例必须是真实的。第二，案例总是基于仔细而又认真的研究。第三，案例应该能够培养案例使用者形成观点多元化的能力。"② 一个好的案例通常是一个故事，包括对话及情境，它与读者的经历或感受有密切的关系，可以使读者卷入情境中，引发其同情心和移情等。此外，好的案例还可以激发主体进行不同方式的认知活动，如反思思维、批判思维和伦理性思维等。案例法在于由"施教者借着一事实情境，引导受教育者依据既有的知识背景及生活经验为基础，积极参与讨论，针对问题需

① 陆谷孙：《英汉大词典》，上海译文出版社，2007，第 288 页。
② 〔美〕凯瑟林·K. 墨西思：《案例，案例教学法与教师专业发展》，《世界教育信息》2004 年第 Z1 期。

要，提出自己的看法，并接受其他受教者不同的观点与意见，同时让
受教育者借着集思广益的共同思考，归结出问题之解答"。① 通过对
案例的共同讨论，学生主体可以在不知不觉中训练自己的独立思考能
力和价值判断力，还可以让受教育者养成倾听、沟通、尊重和接纳不
同意见的态度和习惯。"案例法是一种刺激思想性探讨和辨认的富有
魅力的方法……通过不熟悉的透镜集中研究工作中熟悉的要素，有助
于提高（增强）和赞扬他们自身对于伦理知识的意识。"② 此外，案
例法还可以为学生提供一些处理伦理问题的理论依据和实践参考。而
对伦理两难情境的讨论，对学生的道德伦理发展更具有针对性。

　　案例教学法最初源自法学和商学的专业教育，后来被广泛运用于
各类专业教育领域，它被视为谋求理论与实践问题结合最有效的方
法，是专业教育的普遍性原理和"特色方法"。19 世纪初杜威曾针对
教师专业教育中的"学徒观念"提出的"知性方法"（intellectual
method）中对教师教育中案例方法的运用开发做了初步的论述。约在
1924 年，哈佛大学教育学院院长赫姆兹（Holmes）就希望教育学院
的教授能够运用案例教学法，但最终案例教学法并未顺利地运用于教
育专业。③ 最早在教师教育中运用案例教学法的是新泽西州立大学，
它在 1925～1932 年推行了一项以案例教学法为基础的计划。尽管有
一些教育师范学院对案例教学方法进行了有益的尝试与探索，但总体
来看，很长一段时期内，教师专业教育中案例教学法并没有得到广泛
的推广和应用。直到 20 世纪 70 年代以后，案例讨论才被广泛地运用
到教师的专业教育之中。1986 年美国卡内基教育与经济论坛成立的

---

① 蔡淑丽：《专业伦理个案教学法的观察与反思——以艺术伦理教学为例》，1993 年
　3 月，http://www.doc88.com/p‑7468317631255.html。
② 〔加拿大〕伊丽莎白·坎普贝尔：《伦理型教师》，王凯等译，华东师范大学出版
　社，2011，第 161 页。
③ K. K. Merseth, "The Early History of Case‑based Instruction: Insights for Teacher
　Education Today," *Journal of Teacher Education*, Vol. 42, No. 4, 1991b, pp. 243 -
　249.

教学专业小组在其发布的《国家为培养 21 世纪的教师作准备》改革方案中呼吁，"（教师教育）中应当采用的方法，就是法学院和管理学院得到充分发展、但在教师教育中却几乎陌生的案例分析。提示了大量教学问题的'案例'教育，应当作为讲授的重要焦点加以开发"。① 小组认为，案例教学法可以阐述很多教学问题，教师培训课程应特别重视案例教学法的发展和运用。此后，经过众多教育组织和学者的努力，教师教育中的案例教学也得以逐步发展和成熟，最终发展为"课例学习模式"。

实施案例教学法需要具备以下条件。第一，要有丰富、充足、可操作性强的案例。由于案例是指能作为范例的个案。教师的教育活动涉及多个甚至几十个不同背景和性格的学生，教师的个性又彼此不同，加上教育领域中缺乏普遍有效的一致性基础，因而要想开发具有普遍意义、受到教师认可的典型案例难度较大。目前，教育领域中和师资培训有关的案例资料库中，多为个别学者编辑的案例，"如Shulmanm 与 Colbert（1986，1987）编制的实习教师及实习辅导教师的案例手册。Silverman、Welty 和 Lyon（1992）三人编写的'教师问题解决'案例手册等"。② 因而，想要在我国推行案例教学，必须要具有可操作性和典型性的案例，直接将国外的案例移植到我国显然是不明智和不可取的。第二，要结合专业教育的目标与知识基础。不同取向的教育目标需要不同类型的案例来支撑，案例内容和教学过程中总是包含着丰富的价值选择、权力运作、政治意识形态等文化、政治和伦理因素。在选择案例和采用案例教学法的过程中，要对专业教育的目标和知识基础有足够清晰的了解和认识。第三，从事案例教学的人要具有相应的教学能力。无论是案例的选择、处理、分析还是引导学生进行案例讨论，都需要案例教育者具备不同于讲授法的观念、能

① 参见〔日〕佐藤学《课程与教师》，钟启泉译，教育科学出版社，2003，第 285 页。
② 张民杰：《台湾教育学术领域应用案例教学法的回顾与展望》，《教育与多元文化研究》2012 年第 7 期。

力与组织方式。将案例讨论引向对深层原则的思考是对案例教育者的一个挑战，在讨论过程中引导学生不偏离教学主题也是难题之一。这些都要求案例教育者要具备批判反思能力、组织能力、讨论掌控力和教育机智等。

对于专业伦理教育来说，伦理教育案例的核心和基础就是专业生活中教师面临或经历的伦理困境。从伦理困境的内在本质和表达形式两个方面来看，它几乎是一种天然的专业伦理教育案例，它具备案例教学的两个核心要点：困难和情境。纳什认为，"一个好的案例在进行道德或伦理教育过程中具有调动人们思维的作用，是掌握道德概念不可或缺的工具"。① 案例法的目的在于以下几方面。第一，通过对案例中伦理困境的讨论和分析，学习基本的伦理立场、价值、视角和立场。第二，将其作为教师对自身经历过的或每天日常生活中的事件进行反思的催化剂。它可以激发教师关于伦理的专业对话，并从不同的伦理价值立场考虑专业活动。第三，案例可以为教师提供摆脱困境的策略与方法的素材及指导。案例材料可以帮助教师学会如何识别问题、重构问题并分析问题，如何从新的视角分析和理解问题，怎样的决定才是具有伦理性的。同时，案例还可以提供进行伦理决策的框架，通过对伦理困境案例的学习，可以让学生更有效地理解伦理概念、伦理价值和解决伦理的策略，并在进行伦理思考、推理、选择和判断的过程中发展他们的伦理素养。在案例教学法中，决疑法是一个很好的判断策略，因为识别出教师专业所包含的价值只是伦理判断的第一步，专业内不同价值间的相互冲突是极为常见的现象。

较常用的专业伦理案例的讨论和学习框架有两种，一种是用理性的问题解决模式来摆脱伦理困境，另一种是用感性的视角评估伦理困境。前者是目前主流的方式，这种观点认为运用多重伦理视角对伦理

---

① 参见 J. P. Shapiro, R. E. Hassinger, "Using Case Studies of Ethical Dilemmas for the Development of Moral Literacy," *Journal of Educational Administration*, Vol. 45, No. 4, 2007。

困境进行透视和思考，通过不同的视角转换可以更深入和全面地理解伦理困境并为摆脱困境提供理性的支撑和途径。常见的有奥泽提出的教师专业伦理信念模型，公正、关怀和真诚是理解教师伦理困境的三类概念。夏皮罗等人提倡的多伦理范型模式，从公正、批判、关怀和专业四个维度来理解伦理困境。① 格罗斯（Gross）提出的湍流理论是运用感性的视角或情感概念来看待教育事件的代表，这为我们感知和理解伦理困境中教师的情感紧张程度的高低提供了理论依据。为了更好地发挥伦理困境在专业伦理教育中的作用，夏皮罗和哈辛格尔（Hassinger）② 整合了理性和感性两种视角，将多重伦理范式与湍流理论相结合，提出了基于伦理困境的案例学习模式，认为这种伦理困境案例学习方式，会同时激发学生的理性推理与情感卷入。道德困境案例学习不仅适应于教育伦理的课堂中，还可渗透到大学的其他课程。由于伦理困境的摆脱方式趋向综合方式，因而在进行案例法研究、讨论和学习时，视角的综合和选择的折中性也日益突出。美国布莱恩·R. 沃尼克提出的基于案例的教师专业伦理教育方式较为详细地描述了如何以案例为着眼点进行教师教育。

但值得注意的是不论采用哪种方式，教师主体的自主性的提高都非常重要。教师不能只是单纯地认知各种伦理价值规范，而是要在各种不同的价值规则之间不断地转换，自主地做出判断和抉择。只有处于自由选择的情境中，教师的伦理自主性才可能被唤醒，教师也会在不断摆脱伦理困境的过程中提高其伦理判断力，也正是在一个个具体的选择之中，教师才能更加意识到自己所承担的责任。此外，在进行包含两难困境的案例教学时，为了避免案例教学成为灌输式的道德教

---

① J. P. Shapiro, R. E. Hassinger, "Using Case Studies of Ethical dilemmas for the Development of Moral Literacy," *Journal of Educational Administration*, Vol. 45, No. 4, 2007, pp. 451 – 470.

② J. P. Shapiro, R. E. Hassinger, "Using Case Studies of Ethical Dilemmas for the Development of Moral Literacy," *Journal of Educational Administration*, Vol. 45, No. 4, 2007, pp. 451 – 470.

育活动，教师的开放性态度非常重要。"他必须事前对课程内容涉及的资料有充分的了解；上课时不要过分强调目标，而应重视学习过程本身；教师也要有相当的道德涵养，要能接纳学生的意见，否则一面教学生要理性、宽容，自己却做了反面教材。"①

关键事件法和案例教学法的优点在于，它们的内容和教师的生活与经验密切相关，有些真实案例和研究成果可以直接运用于实践之中，对教师实践具有指导性和较强的实用性。但其缺点也是显而易见的，教师仍旧没有建立系统的理论知识，知识（包括理论和实践知识）不成系统，很难扩大应用范围等。但对于在职教师来说，实践知识可能更具有价值和意义，加上掌握系统理论知识的最终目的也在于指导实践，使这些理论转变为教师的分析框架，因而，整体来说，以问题和困境为中心的方法更适用于实践中的教师。

---

① 参见朱建民《专业伦理教育的理论与实践》，《通识教育季刊》1996 年第 2 期。

# 第六章
## 应对教师伦理困境的具体策略

正如多戈夫等人所说，"对于任何一个特定的伦理困境而言都可能有不止一种解决方法，而最佳的解决方法至少部分是与文化和具体的背景相关"。[①] 采用何种方式需要教师根据具体背景来判断，最终选择符合专业伦理的价值与要求。因而，教师更充分地认识和掌握应对专业伦理困境的策略可以为教师进行伦理决策和判断提供一些基本性的支持。本研究以荷兰学者科瑟根提出的"洋葱圈模式"[②]（见图 6-1）为依据，提出几个层次或维度的应对策略。"洋葱圈模式"显示出了专业教师发展与变化的六个层次结构，由内到外分别是使命（mission）、自我认同（identity）、信念（beliefs）、能力（competencies）、行为（behaviour）与环境（environment）。科瑟根指出，使命与自我认同对教师工作影响最大，处于洋葱圈的最核心的位置。与传统的能力模式和表现模式不同，"洋葱圈模式"强调一个相对比较新的领域——教师专业身份和使命，强调教师作为一个人的自我意识、自我建构和同一性。迪尔茨（Dilts）将"使命"这一

---

① 〔美〕拉尔夫·多戈夫等：《社会工作伦理：实务工作指南》，隋玉杰译，中国人民大学出版社，2005，中文版序。

② Fred A. J. Korthagen, "In Search of the Essence of a Good Teacher: Towards a More Holistic Approach in Teacher Education", *Teaching and Teacher Education*, Vol. 20, 2004, pp. 77-97.

水平称为"精神性水平"，这个水平与人生问题高度相关。从这个层面思考的是教师工作的最终目的，在他看来教师"意味着什么"，是"怎样的一种存在"。这个层次是人们内心最深处的问题，决定着我们做我们应该做的事情。这个层次又被看作一种超个人的层次或超个人态度的层次，是决定其他层次的内核。以教师使命为内核的教师身份与信念等精神层次因素决定着教师的能力与外在行为。他们不仅是能力与行为的内隐性控制因素，还是教师理解环境和关系的信息筛选器，决定着教师能感知到哪些信息与关系。因而，仅有能力与行为的改变并不能从根本上促进教师的发展，教师的使命、身份与信念是隐藏在教师能力与行为之下的控制性因素。当然，尽管教师的使命与身份等精神性发展非常重要，但其他层面的因素也不可或缺。"洋葱圈模式"的每一个圈（层次）都可以被视为相对独立的视角，每一个视角下的内容或要素都是不可替代的，失去任何一个维度的支持，教师的发展都不可能实现。以"洋葱圈模式"来看教师伦理困境的解困策略，意味着每一个层次代表着一种摆脱伦理困境的策略，有不同的假设，这可以给我们提供一个相对多样的论述方式。

　　根据"洋葱圈模式"，本研究提出了四种摆脱伦理困境的策略：伦理抉择策略、实践对话策略、自我更新策略和复杂思维策略。伦理抉择策略以工具理性为指导，强调主体通过理性思维和价值排序进行伦理决策。主体决策和选择能力是范式关注的重点。实践对话策略以关系哲学为前提假设，强调主体通过平等对话、民主沟通达成共识，从而解决伦理困境。平等对话的根本保障是对话环境的建立。实践对话策略最关注的是平等、民主的环境和关系的建立。自我更新策略从本体论的角度，通过反思与重新构建使命、身份和信念的方式，重新确立教师的存在方式及意义，从更深的层次消除伦理困境。复杂思维策略承认伦理困境的客观性和解决策略的多样性，强调承认并超越伦理困境。总的来说，伦理困境的实质是教师面临两种及以上的不一致

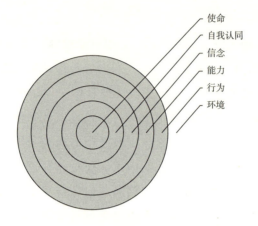

使命
自我认同
信念
能力
行为
环境

**图6-1　科瑟根的洋葱圈模式**

资料来源：Fred A. J. Korthagen，"In Search of the Essence of a Good Teacher：Towards a More Holistic Approach in Teacher Education," *Teaching and Teacher Education*，Vol. 20，2004，p. 80。

的选择无法做出决定的境况，因而做出合乎伦理的决定或选择（即伦理决策）是摆脱伦理困境的重要途径。为使决策合乎伦理，必须建设保证伦理行为的组织文化，明确个人价值观，并提高决策者道德发展水平。除此之外，决策过程本身的程序过程合乎伦理性也同样重要。此外，研究结果显示，有些伦理困境是结构性的客观原因引发的，注定不可能从根本上消除，因而很多时候实践中的伦理困境是不可能被解决的，需要的仅是被处理而已。从这个意义上来说，教师的困境有时会一直持续，有时会重复发生。① 面对不能摆脱的伦理困境，理解并承认困境，积极调整心理预期与情绪可能比摆脱伦理困境更加明智。

---

① N. Lyons，"Dilemmas of Knowing：Ethical and Epistemological Dimensions of Teachers' Work and Development," *Harvard Educational Review*，Vol. 60，No. 2，1990，pp. 159 - 180.

# 一　伦理抉择策略

伦理抉择是指分析和评估专业中涉及伦理方面的问题，以便形成恰当的、符合伦理的专业行为的过程。[①] 无论是伦理相对主义中以具体的背景或后果为依据进行伦理判断，还是绝对主义依据某些固定的伦理原则进行选择，在伦理抉择中，理性选择和价值排序起着根本性的作用，从某种意义上来讲，伦理抉择是以理性选择为基础的价值排序过程。

理性在中外思想史上一直是一个备受关注的核心概念，尤其是在文艺复兴后的西方，理性以科学的名义将其触手探入社会学各个学科的研究之中。理性选择是理性人通过理性行动满足自己的偏好，最终使目标最优化或效用最大化的选择过程。一般认为理性选择范式的基本理论假设包括四个：个人是自身最大利益的追求者；在特定情境中有不同的行为策略可供选择；人在理智上相信不同的选择会导致不同的结果；人在主观上对不同的选择结果有不同的偏好排列。[②] 理性选择策略也是建立在以上假设上的个体进行思维与判断的过程与方式，它以个人主义方法为基础，是以主体进行理性评估与判断为中心的选择策略。美国学者罗文伯格提出以伦理抉择方式应对伦理困境的四个步骤：自我价值的澄清、社会价值的澄清、案主参与决策、检讨方法的使用。[③] 伦理抉择策略注重伦理主体思维能力的发展和价值的澄清，它是从业人员做出决策的最基本的策略。

---

① 〔美〕拉尔夫·多戈夫等：《社会工作伦理：实务工作指南》，隋玉杰译，中国人民大学出版社，2005，第239页。
② 丘海雄、张应祥：《理性选择理论述评》，《中山大学学报》（社会科学版）1998年第1期。
③ 潘洪涛：《现代社会工作与和谐社会构建》，《山东省农业管理干部学院学报》2007年第1期。

## （一）价值排序及其方法

一般来说，伦理抉择策略至少包括三个部分或步骤：设想各种可选择的行为方案；预计行为的可能后果；对某人行为中的个人价值和社会价值做出某种判断。在伦理学视野中，伦理抉择的核心在于区别价值的质，并确定价值的相对价值量。换言之，伦理学中的理性选择集中体现在价值间的排序上。而价值排序不仅和价值本身有关，还与情境的变化有关。美国学者蒂洛和克拉斯曼认为确定道德原则之主次序列的重要方法可以分为两类，即一般方法和特殊方法。前者以逻辑优先性或经验优先性为依据，后者由行为和决定的实际境遇或背景决定。①

价值排序的一般方法是指依据逻辑优先性或事实优先性进行价值排序，这是古典伦理学的理论基础和思维模式，其中功利主义与道义论最具代表意义。功利主义以大多数人的利益最大化为终极原则，认为行为结果是判定道德的标准；道义论则以行动动机为标准，坚持"要把你自己人身中的人性，和其他人身中的人性，在任何时候都同样看作目的，永远不能只看作是手段"，② 认为始终坚持把人作为目的才是道德的，是非结果论的典型。无论是功利主义还是道义论，都是以一种终极价值为元价值，都是通过逻辑推理或事实来证明终极价值的合理性和正当性。

对于教师专业来说，师生关系的确定和学生的发展是教师职能与身份合法化的逻辑起点，学生的精神生命生长、人格发展和个体社会化是教育之所以存在的根本。这一目标的实现固然需要各种知识媒介

---

① 〔美〕雅克·蒂洛、基思·克拉斯曼：《伦理学与生活》，程立显、刘建等译，世界图书出版公司，2008，第155页。"逻辑优先性就是由逻辑性决定原则之先后次序的方法，或者是逻辑思维促使我们为原则排序的方法。经验优先性指的是得自于由观察到感觉的证据所确立的优先性次序。"

② 〔德〕伊曼努尔·康德：《道德形而上学原理》，苗力田译，上海人民出版社，2012，第37页。

与工具，然而在知识爆炸的现代社会和现代教育中，师生间生命和生命交往与对话显得更具有价值与意义。可见，若以逻辑优先性来看，学生精神生命价值应被置于教师专业伦理价值的核心地位。从经验事实来看，教师个体生命与精神的发展优先于其他价值。如果教师的根本需要或利益得不到尊重或满足，如果教师只是被操纵的一个无精神追求的木偶，如果教师仅是与权力合谋的压迫者，学生利益自然无法保障，学生发展更是无从谈起。

　　给价值排序并不是件容易的事情，每一种伦理体系都有不同的价值排序或伦理学者可能形成自己的价值体系，而体系之间可能又面临价值的冲突与对比。但从实践上看，给专业人员提供一些价值等级具有非常重要的意义。它不仅对澄清教师伦理困境中主体之间的关系具有一定的指导作用，还可以为教师做出伦理决定提供依据。通过一般方法进行的价值排序往往具有原理性或原则上的指导意义，是指导教师反思自身伦理价值和关系的重要思维方式和方法。如蒂洛等人将五种原则分为主类原则与次类原则，一般情况下主类原则优先于次类原则。前者包括生命价值原则和善良原则，后者包括公正或公平原则、诚实原则和个人自由原则。[①] 多戈夫等人也在前人的基础上提出了社会工作中七个伦理原则：保护生命、平等与差别平等、自主和自由、最少伤害、生活质量、隐私和保密、真诚和毫无保留地公开信息。他们指出，"社会工作者在实际工作中做决定的时候很少会直接使用理论知识或哲学原理。取而代之的是把知识和价值观整合成一套实践原则"。[②] 原则之间要把最根本的价值需要放到优先的位置进行考虑。一般伦理理论都会将诸如生命价值、善良等主类原则置于最基础和优先的地位，并在此基础上再根据目标及要求来排列其他原则。教师专

---

① 〔美〕雅克·蒂洛、基思·克拉斯曼：《伦理学与生活》，程立显、刘建等译，世界图书出版公司，2008，第 155～156 页。

② 〔美〕拉尔夫·多戈夫等：《社会工作伦理：实务工作指南》，隋玉杰译，中国人民大学出版社，2005，第 35 页。

业也不例外，不论是不是教师专业的服务对象，生命价值的原则总是被置于最根本的位置，公正原则与关怀原则紧随其后。在教师专业中公正的价值高于关怀的价值，当然此处的公正价值更多的是指实质公正，而非形式上的公正。这就不会将因材施教和遵循学生身心发展规律等教学原则和公正与平等对立起来。关怀和关爱对于教师专业来说也具有基础性的作用，教师对学生的影响与教育总是建立在民主、平等、和善的关系之上，师生间的关怀是专业根本职能和教育目标得以实现的根本保障。

尽管一般价值排序方法可能是最根本的价值方式，但每种文化甚至是每个情境中的事实并非固定不变，这类价值排序的一般方法对于伦理规则与守则的制度意义更大，有时却未必能应对复杂多变的实践情境，这就需要采用特殊的方法进行价值排序。价值排序的特殊方法的实质在于将现实的情境与背景等实际因素考虑到价值排序之内，认为要"根据道德行为和决定所由以产生的实际境遇或背景来决定基本原则的主次序列"。① 这种特殊的伦理价值排序方法是面对真实生活的排序方式，它的出发点不再是逻辑与事实，而是要考虑情境中各种关系、利益、权力及个人偏好来进行伦理选择和决策。这种方式并不是要寻找一个不变的伦理价值序列，也不是致力于寻找一个放之四海而皆准的价值体系来指导实践，而是尊重实践中真实的、不断变化着的境遇。从经济学的视角来看，其实质是各种规则或价值之间的不断博弈、权衡、妥协与竞争的循环过程，这种方式因更接近生活成为应用伦理学的主要方法论基础。20 世纪西方流行的境遇伦理学更为精细地阐明了这种方法。"新道德论、即境遇伦理学断言：一切事物正当与否完全取决于境遇。"境遇伦理学"是基于境遇或背景的决策

① 〔美〕雅克·蒂洛基思·克拉斯曼：《伦理学与生活》，程立显、刘建等译，世界图书出版公司，2008，第 157 页。

方法，但决不企图构建体系"。① 人总是处在变化着的境遇当中，人的道德选择判断无一不与境遇有关。因而"境遇论者在其所在社会及其传统的道德准则的全副武装下，进入每个道德决断的境遇。他尊重这些准则，视之为解决难题的探照灯。他也随时准备在任何境遇中放弃这些准则，或者在某一境遇下把它们搁到一边，如果这样看来能更好地实现爱的话"。② 当然，依据情境或背景的排序方式与境遇伦理学并不完全一样，前者更多的是一种多元价值的融合，但它仍要依据一些根本的原则来进行终极判断。从这个意义上说，它更是一种"混合义务论"。后者则是一种立足于具体行为境遇的道德相对论方法。

从教育实践的角度看，情境判断法并不是让教师仅仅观察或接受自己所遇到的境遇，而是要发挥教师的主体性和主动性，让其发挥个体能动性进行选择、判断。从以往与教师专业伦理的相关研究来看，价值排序的情境法也已经或隐或显地得到认可。如奥泽将公正、关怀与真诚等三种价值看作教师专业不可或缺的价值，③ 认为可以依据这三种视角应对教育情境中的问题。夏皮罗等人则肯定了多重伦理范式对解决伦理困境的意义，认为从公正、批判、关怀、专业等四种分析维度入手研究伦理困境更有利于困境的摆脱。④ 胡苏等人更是建立了多焦点分析模式，⑤ 来帮助教师理解并应对伦理困境。当然除了关怀

---

① 〔美〕约瑟夫·弗莱彻：《境遇伦理学：新道德论》，程立显译，中国社会科学出版社，1989，前言。
② 〔美〕约瑟夫·弗莱彻：《境遇伦理学：新道德论》，程立显译，中国社会科学出版社，1989，第 17 页。
③ 参见王晓莉、卢乃桂《教师对教学道德冲突的策略及其实证研究》，《课程·教材·教法》2011 年第 9 期。
④ 参见 J. P. Shapiro, R. E. Hassinger, "Using Case Studies of Ethical Dilemmas for the Development of Moral Literacy," *Journal of Educational Administration*, Vol. 45, No. 4, 2007。
⑤ J. Husu and K. Tirri, "A Case Study Approach to Study one Teachers' Moral Rejection," *Teaching and Teacher Education*, Vol. 19, 2003, pp. 345-357.

与公正等核心价值之外，教师专业伦理还涉及更多的伦理价值，并且需要在这些价值之中进行比较、判断与选择。

可以看出，价值排序情境法的重心已经从价值本身转移到了对行为的实践背景及现实因素的考量上，其核心也就不再集中于价值本身，而在于行为主体对背景因素的评估与衡量。总之，这种方法更注重找到适合于实践的解决方式，而不是找到一种最优的方式，对于实践来说更具有实用性。

## （二）伦理抉择的实施

无论是一般价值排序方法还是以情境为依据为价值进行排序，其前提都是将人看作理性人，都是遵循经济学逻辑在价值之间进行理性选择。目前，较为通行的解决伦理困境的方法大多离不开实践主体的伦理选择，且这些选择大多由个体自己进行决断。教师在运用价值排序策略应对教师伦理困境时一般包括三个步骤。

第一，澄清困境中的价值。理解情境和解释价值是价值排序策略的开端，要尽可能深入地将情境中所涉及的价值或利益挖掘出来，这需要以不同的价值框架或视角透视实践情境。不仅要对伦理与非伦理问题进行区分，还要对情境中各种主体的利益进行分析。第二，评估价值。可以选择正面评估与价值缺乏的评估方式进行，两种评估都是通过想象预期结果进行价值衡量的。前者是对带来的正面结果进行设想，后者是通过对由于缺乏价值而带来的不良影响进行评定。第三，进行价值选择。由于在现实生活中，评估价值具有非常大的主观性和不确定性，尤其是在关涉到对学生所造成的影响（近期和长期）时，更是难以预测。因而从根本上讲，无论哪一种价值选择都是在有限理性下所做出的选择，也都需要承担一定风险。因而，在进行价值选择时，必须遵循最根本的一些伦理原则（如生命价值原则、善良原则或不伤害原则等），并在这些伦理原则的基础上选择最适合的方式。

由于近代科学理性的长足发展，价值排序策略作为备受推崇的方法，在社会学实践中得到推广与应用，但在教师教育与教师实践中并未得到重视。芬兰学者胡苏等人从面对伦理困境时做出伦理判断的思维和过程出发，提出了摆脱伦理困境的思路与方式，[①] 他们的研究较为详尽地列出了应对伦理困境的步骤与注意事项，是价值排序策略应用的典型。

第一，要弄清楚困境的性质，即建构伦理问题。在建构中要运用多种框架理解问题，形成多种视角。包括对伦理问题与非伦理问题的区分，对伦理中个人的、组织的、社会制度的区分等，同时要识别并收集影响处境和伦理议题的主要因素。

第二，考虑来自他人的所有要求。有哪些主要关系人，这里的关系人不只是指个人主体，还指团体、组织、政府以及自然环境等。

第三，思考所有可能的行动步骤。伦理道德问题何在，有哪些解决方案，要发挥想象，想出各种可能的解决办法。

第四，思考行动的理由。对行动目的的根本性思考在于为价值排序提供基础性的支持。只有对行动的目的与理由进行深入分析，才能确定哪些价值对于行动来说是最有意义的。评估各方案的伦理道德性，针对每个解决方案和牵涉到的人，考虑所有关系人或团体的基本权益及优先顺序，并考虑每个解决方案的正义性。

第五，情境的实际条件和情况。如影响他们决定的规则与政策有哪些？有哪些实际的限制？从直接领导处能获得哪些支持以及支持水平如何等？此外，考虑哪些限制不可克服，哪些阻碍是可以克服的也是必要的。

第六，对行动效果的回顾性分析。这一环节是对伦理判断和选择的一种评价与升华的过程。教师有意识地将实践情境提升为一种认知

---

① Peggy C. Kirby, Louis Vincent Paradise, Russell Protti, " Ethical Reasoning of Educational Administrators: Structuring Inquiry around the Problems of Practice," *Journal of Educational Administration*, Vol. 30, No. 4, 1992, pp. 25 – 32.

或经验，可以有效地指导教师的实践并利于交流和分享。

总的来说，伦理抉择策略是一种以理性人或经济人为假设的一种理性选择方法。因而，对教师解决伦理困境具有一定的实践意义。但值得注意的是，这种方法以个体选择为核心，因而对教师的伦理水平或整体素质具有较高的要求。这不仅需要专门的专业伦理教育为教师提供一定的理论准备与虚拟训练，更需要教师具有理解和建构情境的开放性态度和实践性智慧。

## 二　实践对话策略

无论是一般价值排序方式还是特殊价值排序方式，要对价值进行理性选择，其主体都必须是具有自由与能动性的教师。因而，从根本上说，伦理抉择策略是主体性范式的必然产物。尽管教师会尽可能地考虑更多的价值备选项，但伦理抉择仍旧脱离不了个人中心主义和人类中心主义的窠臼。以哈贝马斯与阿佩尔等人为代表的"对话伦理学"（又被称为"交往伦理学"或"商谈伦理学"）为我们应对伦理困境提供了一种新的思路：实践对话策略。如果说以价值排序为核心的伦理抉择策略是以个体主体理性为基础与出发点的话，实践对话策略则是以交往理性为立论基础的。实践对话策略并不以某一种或几种价值和原则来摆脱伦理困境，也不是单一主体通过对情境进行理解、反思、判断、选择等手段摆脱伦理困境的过程，而是主体间进行平等交往与对话，达成共识以摆脱伦理困境的过程。

### （一）话语伦理与对话环境

话语伦理的主要目标在于每一个有语言和行动能力的主体通过自由、平等、无强制的真诚对话达成某些伦理共识，而这一目标的实现需要一系列外在条件和前提作为保障，这些前提或条件就是哈贝马斯所说的"理想话语环境"与"现实话语环境"。在哈贝马斯看来，

"只有通过民主、合理和公正的话语规则和程序的制定，保证每一个话语主体都享有平等、自由的话语权力，彻底摒弃以权力的滥用和暴力手段压制话语民主的做法……（或说只有）在规范的制定中，通过反复论证达成一种公正的话语规则和程序并使之制度化"，[①] 才能保障交往共同体中的每一个人都有平等的话语权，每个人的想法与选择都得到同等的尊重，最终达成话语共识。从这个意义上说，话语伦理的重要核心在于创造"理想的话语环境"，并将这种"理想的话语环境"转变为"现实的话语环境"，使每一位理性参与主体都可以平等地参与到对话之中，并通过不断的交往与对话获得共同的规范。与阿佩尔（他在其理论中小心地保留了某种终极基础）不同，哈贝马斯话语伦理学表现出一种多元的表象，它更关注达成共识过程的合理性，即"程序理性"或"程序理论"。他强调，"话语伦理学总的说来无意设计一种理想的生活形式，也不提供对一种主体间性共有的生活关联的——或个人生活史的——医治尺度。在不诉诸总体性概念前提下，它立足于程序的理性。论证的程序让参与者自己去解决他们的实际问题"。[②] 正因如此，哈贝马斯的伦理学又被称为"程序主义的话语伦理学"。

有学者将"自主与公正"看作话语伦理的核心原则，认为话语伦理的基本诉求在于，"所有的实践问题与实践冲突都应通过当事人交往、在理性的交谈中达到共识的方式得以解决；这是一项普遍性的原则，它要求交谈中的当事人应是大致同等强大的、拥有同等权能的理性主体，交谈的结果——共识应体现对所有当事人利益的一种公正的平衡的考量，体现着一种公正的、交互性的关系"。[③] 由于只有人

---

① 章国锋：《关于一个公正世界的"乌托邦"构想：解读哈贝马斯〈交往行为理论〉》，山东人民出版社，2001，第153页。

② 转引自章国锋《关于一个公正世界的"乌托邦"构想：解读哈贝马斯〈交往行为理论〉》，山东人民出版社，2001，第154页。

③ 甘绍平：《应用伦理学前沿问题研究》，江西人民出版社，2002，第138页。

们处于无任何压力的环境之下，才可能产生相互的"理解与团结""谅解与宽容"，才能够保证每一个人都是自由的参与。因而，话语共识只有在"理想的话语环境"中才有可能达成，必须重视环境的重要性以及对话环境的营造。"在哈贝马斯看来'对话环境'本身就是'道德关系'，重建道德关系，就意味着通过黑格尔所说的'人伦关系辩证法的运用'，来重建对话环境，以消灭暴力，产生对话式的、在他人那里认识自己的自由……"① 他认为，每一个话语主体在遵循四个前提②的情况下，所达成的共识才具有合法性。这些前提发挥着理性制约的力量，可以保证参与对话的主体不是"以主体自由或任意模式的论证"参与到交往与对话之中，并确保对话过程与程序的公正性和合法性。哈贝马斯在回答雷诺教授的提问时指出，商谈实践可以同时满足"交往的自由"和"对赞同的追寻"这两种要求："每一个别的参与者都是自由的。这是从他以第一人称使用知识权力的意义上讲的，这种权力使他能够采取立场。第二，这种知识权力，依据寻求经过深思熟虑的赞同的过程而得到实施，它于是选择对所有相关涉及的人都可合理接受的出路。"③ 总体来说，自由对话与交往的前提在于改善对话环境（交往环境），保证程序的合法性。

---

① 〔美〕托马斯·麦卡锡：《哈贝马斯的批判理论》，王江涛译，华东师范大学出版社，2010，第458页。

② 四项条件（任何在这些条件下达成的共识都应当被视为真正的共识）具体指以下四方面。第一，一种话语的所有潜在参与者均有同等参与话语论证的权利，任何人都可以随时发表任何意见或对任何意见表示反对，可以提出疑问或反驳疑问。第二，所有话语参与者都有同等权利做出解释、主张、建议和论证，并对话语的有效性规范提出疑问、提供理由或表示反对，任何方式的论证或批评都不应遭到压制。第三，话语活动的参与者必须有同等的权利实施表达式话语行为，即表达他们的好恶、情感和愿望。第四，每一个话语参与者作为行为人都必须有同等的权利实施调节性话语行动，即发出命令或拒绝命令，做出允许和禁止，做出承诺或拒绝承诺，自我维护或要求别人做自我辩护（参见章国锋《关于一个公正世界的"乌托邦"构想：解读哈贝马斯〈交往行为理论〉》，山东人民出版社，2001，第152页）。

③ 〔德〕尤尔根·哈贝马斯：《对话伦理学与真理的问题》，沈清楷译，中国人民大学出版社，2005，第12页。

### （二）　实践对话策略的实施

与伦理抉择策略相比，以话语伦理学为指导的实践对话策略有了重大的转变。当我们"把商谈实践理解为一种框架，绝对命令的实用问题在这个框架内被提了出来。关于对所有人同样有利的事情，商谈参与者们只能期望在每个人都愿意不断地试图去接受他人的观点的条件下，达成协议，以期能够实现皮亚杰所说的自我——一种种族中心主义的自我——的渐进的'去中心'，即对既定世界理解的'去中心'"。① 这不仅是一种方法论的改变，也是一种生存状态和态度的转变。"他者"不再被当作客体来对待，"他者"成为与主体拥有同等地位的"他者"。具体来说，伦理困境的单一主体视角转变成了主体间性视角。在教师面对伦理困境时，他不再只是孤独地进行反思，从主体视角出发想象出各种解决方式和可能后果，最终做出决策，而是在与他者对话的过程中，努力寻求每一个利益相关者都认同的方法与方式。

此外，重视对话情境的建设及对话前提的保障。想要保证理想的对话情境，必须遵循讨论过程的"公开性原则"，讨论参与者的"平等性原则"以及讨论情境的"无强迫性原则"。也就是保证"每一个具有语言与行动能力的人，都可能参与讨论。每一个人都能对每一种主张进行质疑、提出自己的主张，并可表达自己的态度、愿望与需求。每一个人都不会在讨论之内或之外被强迫或操纵，都是出于自己的意识"。② 在这种对话情境之中，每一个可能性都会被珍视，每一种观点都会被倾听，每一位学生都会被尊重。通过主体间的相互对话，即便最终仍旧做出与伦理抉择一样的伦理决定和选择，其后续影

① 〔德〕尤尔根·哈贝马斯：《对话伦理学与真理的问题》，沈清楷译，中国人民大学出版社，2005，第7～8页。

② 参见林远泽《决疑论与实践讨论——以对话伦理学做为医学伦理教学之基础试探》，《哲学与文化》2005年第8期。

响也必然会有所不同，这会大大降低伦理选择的风险与不良影响，教师也会更坦然地面临伦理愧疚及悔恨。

从以上的分析可以看出，实践对话策略具有两个基本特征。第一，实践对话策略否定价值独断论，强调对话程序的公正性与合法性。它认为只有在自由与公正的基础之上，主体之间通过平等对话等符合程序的过程，最终形成的共识才具有意义。因而，在解决伦理困境的过程中，对话的程序以及主体间自由的认同是至关重要的。第二，实践对话策略并不提供终极的解决策略，它仅仅提供解决的思路或方法。它强调要通过程序的合法性来保障对话认同策略的合理性。程序合法性的保障因素或前提对于这一策略有重要意义，这就需要营造开放、平等与尊重的环境与氛围。让每个人都能参与到对话之中，并拥有选择的自由，且能做好享受利益或承担风险的准备。

从实践对话策略的具体程序来看，瑞士学者奥泽的"商谈和对话"方式为我们提供了很好的借鉴。"商谈和对话"方式与实践对话策略有着相同的理论基础，都将"对话"看作解决冲突和摆脱困境的核心。奥泽强调要想把"对话"的概念框架引入教师培训项目之中，要从以下四个方面进行考虑。第一，教师要学会组织"圆桌会议"。同时他们必须知道在哪些情况下必须打断日常教学流程来解决突如其来的伦理问题。在这一过程中，教师要防止对话演变为一种会话游戏，要使对话成为一个共同进步的承诺、一种人际交往的智慧、授权的经验以及相互尊重的氛围。第二，教师要学会扮演对话组织者及促进者的角色，同时又要通过平等参与者这一身份影响学生。要找出好的解决方案，必须遵循现实世界的思路。在这一过程中，伦理学的逻辑推论并不重要，重要的是找出符合所有利益涉及者的解决方案。第三，教师应该熟知"圆桌会议"理念的制度化形式，并努力营造这种团体氛围，要使教育活动成为民主、参与决定、进行决策的过程。第四，教师必须要为学生提供熟悉目标和实践对话的机会，要信任学生，使他们逐步成熟。教师越信任学生所具有的责任感，学生越会为他们的学习及行为负责。进一步的信任是任何一种教育发生重大改变的基础。

尽管奥泽提出的"商谈和对话"方式主要从师生困境或冲突的角度入手，但仍为教师摆脱伦理困境提供了有益的帮助。营造公正、民主、自由与关怀的团体氛围，并将团体决策过程公开化、透明化是实践对话策略的前提。而这种团体氛围不仅指一个班的班级文化，亦包括整个学校的校园氛围与校园文化，甚至包括一个社会的整体风化。

## 三　自我更新策略

自我更新策略涉及教师自我身份的改变与重构，是从存在论的意义上讨论应对伦理困境的一种范式。

### （一）自我与自我更新

自我的概念是一个跨学科的概念，在不同的学科中其内涵具有一定差异。早在古希腊时期，自我就以"斯芬克斯之谜"与德尔斐阿波罗神庙中箴言的形式被人们提出。此后，自我逐渐成为哲学的一个重要命题，至苏格拉底时期，"认识你自己"成为哲学的重要任务和人生的最高追求。也有学者认为，认识自然的目的地就是认识自己。[①] 自我作为哲学的根本命题，它侧重于对作为类的人的本质、人的生存意义以及人的存在状态等问题的探寻。著名学者霍尔（Hall）将自我观按历史的发展划分为"启蒙的主体"、"社会学主体"和"多重主体"等三类主体观。[②] 这与哲学史上对人类"自我"的认识

---

① 参见金生鈜《理解与教育：走向哲学解释学的教育哲学导论》，教育科学出版社，1997，第 2 页。

② 周淑卿：《课程发展与教师专业》，甘肃文化出版社，2005，第 135～138 页。

不谋而合，即作为理性主体的自我观、作为社会关系的自我观和作为存在的自我观。在心理学研究中，自我是人格心理学和社会心理学的概念，又被称作自我意识。它指个体对自己存在的状态的认知，是个体对自身社会角色进行自我评价的结果。许多心理学者都将自我看作人格的核心，认为其目的在于揭示自我的构成部分、价值意义、生成的心理机制和影响其形成的因素。可见，心理学中的自我是对作为个体的人的自我认识。心理学中最具影响力的"自我论"包括以弗洛伊德为代表的精神分析学派、以皮亚杰为代表的认识理论、以埃里克森为代表的新精神分析学派自我论和以米德为代表的社会行为主义学派。在社会学的研究中，自我在以社会结构为研究对象的社会学理论（结构功能学派理论、冲突论）中被极大地忽视，甚至被排除在社会学理论研究之外。在一些从微观层面对社会行为和关系进行研究的理论（如理解社会学、符号互动论）中，自我的价值在其与社会的互动关系中被予以肯定。在社会学中，"自我"与"身份"之间存在密不可分的联系，个体通过对身份的认同形成整体自我及社会身份。换言之，身份认同就是自我的建构过程。在此过程中，"人们借由自己与他人的各种关系，反思自己的特质与外界赋予的意义，以成为一个自我意象"。①

　　本研究更多地从社会心理学的视角理解自我这一概念，即自我是人们对自己所持有重要信念的集合。② 主体对自身状态的认识、对自我形象的建构和自我调控都是自我的重要部分。按照通常的用法，自我包括自己的意识、从他人的角度对作为客体之自己的意识以及对理想形象的想象等三个方面的内涵。人们通过想象自己在他人心中的形象或他人对自己的看法而形成对自我的认识，通过理解和认同自我的过程来发展自我，这一过程就是自我更新。因而，自我更新指人们重

---

① 参见周淑卿《课程发展与教师专业》，甘肃文化出版社，2005，第139页。
② 〔美〕泰勒等：《社会心理学》，谢晓非等译，北京大学出版社，2004，第101页。

要信念的变化及自我意识的改变，即主体在不断追问"我是谁""我想成为怎样的人""我怎样成为这样的人"等问题的过程中，在和他人、环境的互动过程中，不断形成和改变自我意向的过程，其实质指向自我意识或信念的改变发展。可见，自我更新策略指向的是主体自我意识和自我信念，即教师意识、信念与身份的改变与发展。美国心理学家瓦茨拉维克等人研究发现，人们"在针对某一特定人类困局设计最恰当的介入形式时，似乎都已触及某些背后的预设"，[①] 而这些预设和科瑟根的"洋葱圈模式"中的内在因素，和阿吉里斯"双路径学习"中的支配性变量有某种相似性，正是这些自我的组成要素，决定了摆脱伦理困境的方式与手段。教师的自我更新属于影响教师因素的内在因素，它与外在的行为和环境不同，它是一种内隐性因素，只能通过个体主动的、有意识的觉知、反思和批判过程，通过教师自我内在的认同才有可能被"更新"。而在这一过程中，"使命"无疑又是最高层次上的精神性导引。

## （二）自我更新策略的实施

如果说伦理抉择策略以工具理性为指导，将价值视作可以衡量、可供选择、外在于主体的客观存在的话，自我更新范式则以"自我同一性""自我身份认同""自我建构"为旨归，试图通过重新建构自我的过程，更新决定行为的前提假设，改变主体的态度及行为，进而改变或消除伦理困境的主观前提。换言之，自我更新方式是通过教师对自己身份追问和对自我身份的认同，通过教师专业生命的发展来摆脱伦理困境的一种方式。教师的自我更新使教师可以重新解释和理解自己的专业生命意义、自身所处的环境，重新理解并摆脱专业生活与实践中的伦理困境。也就是说，这种策略将解决的关

---

① 〔美〕瓦茨拉维克等：《改变：问题形成和解决的原则》，夏林清、郑村棋译，教育科学出版社，2007，导言，第4页。

键定位在"使命、身份认同和信念"这些支配性变量之上，教师也正是通过对"我是怎样的教师""我是不是一个专业教师"追问的历程，通过"教师与其所处社会关系中他人（如学生、家长）互动，并与社会所赋予的'专业教师'意义磋商"①的过程，通过作为"人"的自我与作为专业的自我互动的过程，逐渐形成以"使命"为核心的自我，以一个整体的"专业人"的自我面对专业中的伦理困境。自我更新的一个核心结构就是信念的改变和身份的重构，这会进一步影响人们对困境意义的理解。舍恩等人以"重新框定"的概念来指代人们对实践意义的重新理解的过程。"重新框定是指将人们赖以理解或经验某种情境的概念与情绪的假设或观点，改变成另一组同样也能'符合事实'（甚至更好）的设定，经过这一转换，该情境对人们的意义已全然改变。"② 自我更新后更多的是通过"重新框定"这一过程，改变伦理困境的内涵，从更高的层次上去摆脱伦理困境。

自我更新的方式对那些结构性困境和角色引发的伦理困境更具针对性。在结构性困境中，冲突主要来源于教师专业本身特点所带来的无法消除的困境。如上文提到的"公正与关怀""控制与尊重"都是专业内在固有职责，当教师面对这些伦理困境时，不再将视角局限于在选项中选择，而是转向思考和审思专业使命、身份和信念。教师不再拘泥于选择带来的利与弊的衡量，而是进一步追问，这种选择意味着我是怎样的教师，这些选择会让我成为哪一类的人。每一次选择和决定与教师自我信念与形象连接起来，并成为自我的构成部分。教师会在每次追问与反思时，在与人的交往对话中形成自我，进而"再发现"、"重新框定"或"再定义"伦理困境的内涵及意义并做出决定。以由角色冲突带来的伦理困境为例，由于外在的社会要求与教师

---

① 周淑卿：《课程发展与教师专业》，甘肃文化出版社，2005，第147页。

② 〔美〕瓦茨拉维克等：《改变：问题形成和解决的原则》，夏林清、郑村棋译，教育科学出版社，2007，第95页。

自我意志之间的不同会给教师提出不同的角色要求，要求之间的冲突经常会引发伦理困境。当面对这种情形时，教师首先会选用理性选择策略进行应对。澄清每一种角色的内涵及意义，运用价值排序将角色价值进行排序，最后进行选择。这一系列的行为在逻辑上无可挑剔，在程序上具有合法化的性质，但却独独缺少了对教师自我的关注。教师多处在情境之外，将自己的情绪、态度、个人历史排除在选择之外，最后选择的结果也许是最合理的方式，但却与教师自我发生了分裂。这意味着，解决了一个外在的伦理困境，却带来了教师内在的自我分裂，使教师处于一种客体化、工具性的位置，消解了教师作为人的专业生命意义。因而，从自我的层面去问询"作为一个专业教师"的使命与意义对于教师完整自我的形成是至关重要的。

从根本上看，以自我更新应对伦理困境的过程为教师进行"双路径学习"①（见图 6 - 2）提供了一个平台。在"单路径学习"过程中，教师采用某一策略应对困难，若发现行动的效果不大理想，通常仅仅通过调整行为策略本身来达到目的。在"双路径学习"中，教师不仅要进行"单路径学习"的步骤（即检验策略），而且会回到自己的使命与信念等支配性变量之上。众所周知，"如果教师在调整自己行动的同时，反思并改变自己的信念（知识），其整体变化无疑会更加彻底、深刻、持久"。② 这种深刻的变化会促进教师形成新的认知，改变教师的专业生活状态，促进教师的长足发展。

因而，自我更新方式不仅可以使教师从自我认识的角度出发，重新理解并摆脱伦理困境，还可以减少教师因选择而带来的自我分裂等消极后果，更可以增强教师矫正伦理关系失序的勇气。

---

① 参见陈向明等《搭建实践与理论之桥：教师实践性知识研究》，教育科学出版社，2011，第 66 页。

② 参见陈向明等《搭建实践与理论之桥：教师实践性知识研究》，教育科学出版社，2011，第 66 页。

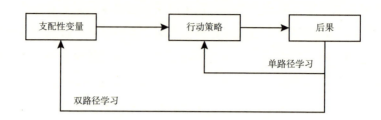

**图 6 - 2　单路径学习与双路径学习**

资料来源：见陈向明等《搭建实践与理论之桥：教师实践性知识研究》，教育科学出版社，2011，第 66 页。

# 四　复杂思维策略

自 20 世纪 70 年代末或 80 年代中期复杂性科学研究兴起以来，复杂性思维已经跨越了学科的边界，成为一种认识和理解世界的新范式。以研究复杂性著称的美国圣菲研究所（Senta Fe Institute，SFI）的研究者们已经十分明确地将复杂性科学列为 21 世纪的科学。他们预言，21 世纪将成为复杂性的世纪。与传统的、线性的、还原论的、分解的、静态的思维方式不同，复杂性思维是以一种整体的、非线性的、关系的方式来感知实践的。因而，与其说是以复杂性思维来对应教师的伦理困境，不如说是以一种复杂性思维范式来理解和透视教师所经历的伦理议题。在对复杂性思维、复杂范式和复杂科学进行研究的学者中，莫兰的理论因注重哲学上的探寻与分析而显得更具包容性与解释力，本部分就以莫兰的理论为依据对复杂性思维策略进行分析。

## （一）复杂思维与态度

作为一种思维范式，复杂性思维范式与简单性思维范式相对，但它并不排斥亦不否认简单性思维范式。要理解复杂性思维范式的内涵，必须从复杂性的概念谈起。目前，对于复杂性概念及内涵并没有公认的看法，这不仅与复杂性的涉及面（几乎所有的自然与人文领域）有关，还和复杂科学中的学派与理论众多等因素有密切关系。因而，尽管已经出现四五十种关于复杂性的概念，但有关复杂性概念的统一定义"现在不会有，也许将来也没有"。① 法国哲学家莫兰对复杂性的看法一语中的，他指出"不可能通过一个预先的定义了解什么是复杂性；我们需要遵循如此之多的途径去探求它，以致我们可以考虑是否存在着多样的复杂性而不只有一个复杂性"。② 尽管并不存在公认的、精确的复杂性思维的定义，但当莫兰从哲学层面对复杂性进行思考时，他将广义的复杂性视为一种认识手段或认识论的改变，其实质是把复杂性作为一种理解事物的复杂性思维方式。莫兰认为可以从广义和狭义两个方面来看待复杂性，其广义复杂性概念更接近复杂性思维的内涵："复杂性致力于提出和发展认识手段，要求能够把研究对象联接于背景、其环境，能够把整体与其每一个部分相联和设想整体与部分之间的相互作用，还能够包容和超越在经验—理性的认识深化的过程中所遭遇的逻辑矛盾。"③ 此外，还可从莫兰对复杂性思维与简化性（还原论）思维的比较中，从他对复杂性思维的特点与原则的分析中，理解复杂性思维范式的内涵与意义。

复杂思维与基础主义、还原性思维不同。首先，它表现出对现实的一种尊重而不是还原。它不会将现实或世界简化为分割的、静态的、和谐的、平衡的世界加以认识，它将现实当作一种系统的、动态的、包含不确定性与非平衡的世界加以对待。"事实上，对于复杂性

---

① 苗东升：《复杂性研究的现状与展望》，《系统辩证学学报》2001 年第 9 期。
② 〔法〕埃德加·莫兰：《复杂思想：自觉的科学》，陈一壮译，北京大学出版社，2001，第 139 页。
③ 〔法〕埃德加·莫兰：《论复杂性思维》，陈一壮译，《江南大学学报》（人文社会科学版）2006 年第 5 期。

的向往导致多方面的认识。这并不意味着给出关于一个被研究现象的所有信息，而是要求尊重这个现象的不同方面。"[1] 其次，复杂性思维强调各种关联的必要性，反对思维人为的片面性，它并不追求完备性和肯定性（确定性）。"复杂思维在向往着多方面性的同时，还在于它的核心包含着一个不完备性和不肯定性的原则。"[2] 这种不完备性和不肯定性原则意味着复杂性思维并不是为了追求明确性的答案，而是要人们正视并尊重现实或科学认识中不确定性、无序、矛盾等特征的存在。

莫兰通过对"复杂性的挑战"的不同途径进行分析，总结出复杂性的两个相连的核心——经验的核心与逻辑的核心。"经验核心一方面包含着无序性和随机性，另一方面包含着错综性、层次颠倒和要素的激增。逻辑的核心一方面包含着我们必然面对的矛盾，另一方面包含着逻辑学上内在的不可判定性。"[3] 既然不确定性被重新肯定，就必须采用一种复杂性思维方式，并"向一种多方面的思维（多维性思维）前进"。[4] 复杂性思维作为一种多方面的思维方式，强调的是多个方面的沟通与连接。它既能使这些方面统一起来，又防止多个方面进行的思维结果在这种统一性中消失。从这个意义上来看，复杂性既整合了简单性，又向不可设想的世界开放。也就是说，复杂性不仅是统一性和多样性的结合，同时也是有序性和无序性的统一。莫兰用"有序—无序—相互作用—组织"这一四元联立的公式（四联式）阐明了复杂思维的根本特征，即有序、无序与组织一同发展，它们之

---

[1] 〔法〕埃德加·莫兰：《复杂思想：自觉的科学》，陈一壮译，北京大学出版社，2001，第138页。

[2] 〔法〕埃德加·莫兰：《复杂思想：自觉的科学》，陈一壮译，北京大学出版社，2001，第138页。

[3] 〔法〕埃德加·莫兰：《复杂思想：自觉的科学》，陈一壮译，北京大学出版社，2001，第148页。

[4] 〔法〕埃德加·莫兰：《复杂思想：自觉的科学》，陈一壮译，北京大学出版社，2001，第148页。

间既有冲突又保持合作。总之，在莫兰看来，"复杂思维就是用有序性的原则、规律算法、确定性、明确观念武装起来在迷雾、不确定性、模糊性、不可表达性中进行探索的思维"。①

## （二）承认并超越伦理困境

复杂性思维是接纳混乱、包容不完美的一种思维，它包含着对不确定性和对不可还原性的一种承认。以复杂性思维来感知教师所面临的伦理困境时，困境所包含的不一致、冲突、矛盾等因素不再是一种不能容忍、必须消除的噪声，而是一种不可预知性的开放以及促进教师重新思考的契机，它为人们通过不确定性与矛盾进行思维提供了可能。

### 1. 承认伦理困境

复杂性思维中，教师不会把伦理困境视为与自己对立的客观实在，而会把自己与伦理困境联系起来，将伦理困境中的所有要素（包括自身）视为同一组织之中的相互开放、相互包含、相互作用的因素。教师不再单纯地将伦理困境看作教师所要面对的无序与混乱，也不会把摆脱伦理困境看作最终的结果，而是将它当作现实来尊重，当作挑战来应对。也许正如"复杂性的挑战使我们永远放弃彻底说明宇宙的梦想，却鼓舞我们不断进行与宇宙对话的认识的探索"② 一样，以复杂性思维或态度面对伦理困境可以使教师放弃要彻底摆脱伦理困境的梦想，同时鼓舞教师不断进行与伦理困境对话的认识和对自我认知的探索。教师不再只是为了摆脱伦理困境而认识伦理困境，他们更多的是想从认识并解决伦理困境的过程中认识自我和改进实践。因而，以复杂性思维方式进行思维的教师会意识到伦理困境是教师实

---

① 〔法〕埃德加·莫兰：《复杂思想：自觉的科学》，陈一壮译，北京大学出版社，2001，第 185 页。

② 〔法〕埃德加·莫兰：《复杂思想：自觉的科学》，陈一壮译，北京大学出版社，2001，第 150 页。

践不可消除、不可分割的一部分，他们能以正确的态度来看待并接纳所面对的伦理困境。复杂性思维的方式不仅尊重了实践的本真，还在很大程度上减少了伦理困境给教师带来的心理紧张情绪。教师意识到，教师真实的伦理生活并不是一种和谐、平静的生活，而是伴随着无数困境与困难境况的生活。复杂性思维范式就这样将教师从不真实或不现实的幻想中解脱出来，还教师一种真实的伦理生活。

我们应该时刻意识到，"我们的实际世界是这样一个宇宙的世界，它的观察者永远不能消除无序，……有序和无序的两重逻辑的存在向我们表明认识应该努力与不确定性谈判。这同时意味着认识的目的不是发现世界的秘密或主导方程式，而是与世界对话"。① 也就是说，尽管伦理困境会给教师带来不同程度的内心冲突，而这些冲突又可能会让教师陷入某些难以自拔的泥潭。但有些困境（无序）是永远不可能消除的，教师所要做的和所能做的只是努力来应对这些不确定性，并学会与不确定性和困境一起生活。只有以开放的心态来接纳并承认伦理困境，教师才能在面对冲突时尽可能少的受到心灵的折磨。这样，即使不能直接消除伦理困境，也会在很大程度上减少伦理困境带来的内心冲突及进行伦理选择后教师可能会产生的负面影响与伦理愧疚。

2. 超越伦理困境

小威廉·多尔和唐娜·杜伊特曾经指出，"复杂性理论激励我们认识人类思维的局限性，而且也能够让我们把一些内在于任何情境之中但又不能看到的可能性视为一种创造性潜能"。② 他们所说的不可能看到的可能性其实质就是一种无序状态中的不确定性和不可预测性。稳定性、有序性和确定性意味着一种传递和继承，只有在无序和嘈杂中，在不确定和不可预测中才能产生新的可能性。

① 〔法〕埃德加·莫兰：《复杂思想：自觉的科学》，陈一壮译，北京大学出版社，2001，第 162 页。
② 〔美〕小威廉·多尔、唐娜·杜伊特：《复杂性思维：存在于关系之中》，张光陆译，《全球教育展望》2011 年第 5 期。

　　教师所面对的伦理困境本身包含着无数的不确定性，以复杂性思维方式来摆脱伦理困境最核心的要素就是使教师意识到并承认伦理困境中的不确定性和难以预测性。不确定性和难以预测性意味着教师不可能有现成的对策与答案，也不存在能摆脱所有伦理困境的方法或程序。这种不确定性和难以预测性要求教师要在理解伦理困境的基础上做出伦理选择或决策。尽管许多教师会对不确定性无所适从，但这些不确定却能促使教师自己参与性地进行思考，能促使教师批判反思性地看待自己所置身于内的伦理困境，还能促使教师进行自我反思与自我批评。因为大部分伦理困境都是需要教师面对并需要教师进行即时性反馈的情境，教师也要通过不停的决策、不断的选择来不断确认、修正、改变自己的信念、策略及思维方式，而这些又成为下一次选择的基础或前提。正是由于无数的不确定性，教师在不断的循环之中，在不断地应对伦理困境的过程中提升自身。若教师否认或忽视这些不确定性，他们可能也会应对伦理困境，但绝不会使摆脱伦理困境的过程成为促进思维的开放过程。

　　在一件事的进行过程中，如果没有冲突或不确定性，教师通常不去考虑他们行动中所蕴含的伦理规则。只有在日常的行为规则不起作用的情境中，在教师面临未知的不确定的情境中，教师才需要审慎地考虑摆脱困境的原则和方法。因而，复杂性不能被看作答案，它应被视为对教师的一种挑战。当教师不把摆脱伦理困境当成最终的目标时，当教师将视线聚焦于伦理困境本身时，当教师把伦理困境当作一个引发自身理解情境和反思自身的契机时，教师就超越了伦理困境本身，从更高的层次去发展自身。奥泽和阿尔特夫认为针对教师伦理困境进行有意义的讨论有利于提示教师境况的不均衡性，使教师更好地意识到自身行为所涉及的伦理意义，从而使教师能够更好地理解自己所面对的伦理困境。

　　伦理抉择策略、实践对话策略、自我更新策略和复杂思维策略这四种应对伦理困境的策略是建立在不同的专业伦理层次或专业伦理假设之上的。四种策略之间并不是孤立、割裂、互不兼容的，而是一个螺旋上升或动态生成的过程。为了更好地理解这四种策略的关系及其在实践中的功能与定位，本研究和阿吉里斯的双路径学习理论①予以了说明。"洋葱圈模式"的核心要点是依据层次水平在各个层面之间保持平衡，这有助于减少教师自身的内在摩擦。理想的局面是，教师具有完全匹配层次，这意味着教师行为、能力、信念、认同和使命都会与环境相匹配。这一理想情境是教师终身努力想要达到的目标。

---

① 〔美〕阿吉里斯等：《组织学习》，姜文波译，中国人民大学出版社，2011。

# 结 语

在教师专业化的发展过程中，教师专业伦理作为一种不可忽视的精神力量，极大地影响着教师的专业形象、专业地位与专业声望。由于教师的最高伦理目标实质上在于促进教育对象的发展，因而那些简单遵守伦理规范或行业守则的教师未必能彰显教师的专业伦理精神。教师的专业伦理不仅体现在具体、明确和专业化的伦理规范之上，体现在教师良善的品性与态度之上，更体现在教师合乎伦理的授业行为之上。在教学的脉络之中谨慎地做出有利于学生的判断是教师专业伦理素养的集中表现。只有从教师的每一个专业行动和每一次专业伦理判断之中，"从专业生活质量提高和教师的专业发展的角度去理解师德建设才能专业性地推进教师的专业道德建设"。[1] 因而，全面深入地理解教师的专业实践，探析教师在专业生活中面临的真实的专业伦理困境是教师专业伦理的重要组成部分。

本研究对专业伦理困境的内涵及类型进行了全面的分析。发现实践中的教师应对专业伦理困境的方式和困境内容（即情境脉络）有极为密切的联系。尽管我们可以通过建立专业伦理组织（委员会）、完善专业伦理规范和建立保障机制等方式为教师应对专业伦理困境提供全面的理论与实践的支持，但最终面对专业伦理困境的只能是存在于专业组织之中的教师个体。面对专业伦理困境之时，教师必须在采

---

[1] 檀传宝：《走向新师德：师德现状与教师专业道德建设研究》，北京师范大学出版社，2009，第15页。

取策略的过程中，根据实践脉络的需要，以道德规范为依照，做出有利于学生或专业的判断，这就需要教师清楚应对专业伦理困境的各种思路或态度。伦理抉择策略以价值排序为根本内容，着重强调教师澄清困境中涉及的所有价值，其中教师自身价值与偏好非常重要。在价值澄清的前提下，教师以一种客观性的态度依据专业的要求对价值进行排序，最终做出合乎学生利益或专业需要的伦理决策，以摆脱专业伦理困境。实践对话策略强调教师作为一种关系性存在的主体之间的对话与沟通，开放、平等的理想对话环境是这一范式的重要保障。自我更新策略聚焦于教师的自我价值、信念、使命等精神性层面。它不再是理性选择范式客观、中立和冷静的立场，而是以教师发展为中心的解决范式。严格来说，复杂思维策略并不是应对专业伦理困境的直接方式，它更像是一种态度。在承认专业伦理困境的复杂性的基础上，超越专业伦理困境是其最终旨归。

对教师专业生活、实践中伦理维度的关注不仅是现实的呼唤和要求，也是西方哲学"生活转向"在教师专业伦理建设中的体现。伦理与道德作为一种实践话语，必须从教师授业行为和专业生活的视角去认识、去发展。实现专业伦理生活转向，需要教师对专业行为和生活中的伦理维度具有高度的敏感意识，需要教师成为能够进行伦理判断和选择的主体。教师要在不否定伦理作为一种尺度的前提下，强调伦理作为一种维度和态度的作用。理论的重心从专业伦理原理、规范、价值和原则等层面扩展到了专业实践、专业生活和专业行动之中的伦理维度层面。这种包含尺度与维度两种态度的教师专业伦理从实践层面强调了教师专业伦理意识的敏感性和教师的反思判断力。只有具有伦理敏感性和判断力的教师才能在面对专业伦理困境时，敏锐地意识到情境中相互冲突的伦理价值，衡量和想象行为可能带来的各种结果，最终依据情境脉络做出合乎伦理的决策。此外，从实践层面来看，对教师专业生活中伦理价值及伦理困境进行全面深入的研究，可以为教师理解、澄清和发展自我价值，促进教师专业伦理素养提供理论与实践依据。具体地说，本研究可以帮助教师采取有效而合宜的方式应对专业伦理困境。对专业伦理困境的妥善处理，不仅可以反映出教师专业实践能力，还有助于教师建立良好的专业形象，提升教师的专业地位。

　　由于各种主客观条件的限制，本研究尚存在一定的局限。例如，由于资源与精力的限制，本研究的研究对象范围较为狭窄，调研对象以县、镇、村级的中小学教师为主，缺乏其他级别学校教师的样本，研究结果的普遍性具有一定的限制。此外，对教师应对专业伦理困境方式的实证研究仍然局限于虚拟情境和教师访谈的结果预设与结果回忆的层面之上，虽然能从一定程度上反映出教师的态度、经验与习惯，却不能再现真实情境中教师的行为模式。在进行后续研究时，可以采用观察、行动研究等方法进行，对教师的授业行为和交往方式进行立体式的观察分析，以全面地分析教师的专业伦理行为表现。另外，建立教师专业伦理困境案例库也是后继研究和实践中应该关注的问题。

# 附　录

## 附录 1

### 中小学教师专业伦理困境调查问卷

尊敬的老师：

您好！我们想了解您学校的师德状况和您对一些问题的看法，请您按最真实的情况与想法回答。所有数据仅用于研究分析，不会记名。我们将做好保密工作，请您放心回答。衷心感谢您的合作。祝您工作顺利！

**一、您的基本情况（请将序号或内容直接填到括号内）**

1. 您的性别（＿＿＿）。

A. 男　　　　　　　　　B. 女

2. 您是不是班主任（＿＿＿）。

A. 是　　　　　　　　　B. 否

3. 您的教龄（＿＿＿）。

A. 1～3 年　　　　　　B. 4～6 年　　　　　　C. 7～10 年

D. 11～15 年　　　　　E. 16～20 年　　　　　F. 20 年以上

4. 您所任教的科目（＿＿＿）（可多选）。

A. 语文　　　　　　　　B. 数学

C. 英语　　　　　　　　D. 其他＿＿＿＿＿＿（填写具体科目）

5. 您的最后学历（＿＿＿）。

A. 中专（高中）　　　　B. 大专

C. 本科　　　　　　　　D. 本科以上

6. 您所教的年级（＿＿＿）。

A. 1～3 年级　　　　　　B. 4～6 年级

C. 7～9 年级

7. 您所在学校的层次（＿＿＿）。

A. 小学　　　　　　　　B. 中学

8. 您的学校所在地区（＿＿＿）。

A. 市（县）　　　　　　B. 乡镇

二、单选题（请将序号直接填到括号内）

**1.** 您是否参加过师德培训（＿＿＿）。

A. 是　　　　　　　　　B. 否

如果选"是"，请继续答题，如果选"否"请跳过第 2 题，直接
回答第 3 题。

**2.** 请问您参加师德培训的次数（＿＿＿）。

A. 偶尔参加

B. 每学年 1 次

C. 每学年 2～3 次

D. 每学年 3 次以上

**3.** 您认为教师的职业道德要求应该（＿＿＿）。

A. 高于其他一般职业

B. 应跟其他职业一样高

C. 低于其他职业

D. 说不清

**4.** 您是否了解《中小学教师职业道德规范》的内容（＿＿＿）。

A. 非常熟悉，熟知规范的内容要求

B. 比较熟悉，能大概说出规范的内容

C. 不熟悉具体内容

D. 一点不知道具体内容

**5.** 您是否了解《小学教师专业标准（试行）》《中学教师专业标准（试行）》中与师德相关的内容（＿＿）。

A. 非常熟悉，熟知有关师德的内容要求

B. 比较熟悉，能大概说出相关的师德要求

C. 不熟悉具体内容

D. 从来没有认真阅读过有关师德的那一部分

**6.** 您所在的学校是否有专门的师德规定或要求（＿＿）。

A. 有 　　　　　　　　B. 没有

**7.** 您认为您学校的师德规范的运作情况（＿＿）。

A. 具有很强的指导和监督作用

B. 具有一定的指导和监督作用

C. 只具有非常有限的指导和监督作用

D. 不起作用

**8.** 学校的师德规范对您的工作和生活的影响（＿＿）。

A. 具有积极的激励和导向功能

B. 产生了消极的干扰作用

C. 能有效地约束我的行为

D. 没有起作用

三、如果遇到下面的情境，您会怎么做？请将序号直接填到括号内（如果您会采用其他方式，请将具体做法写在横线上）。

A. 不去管它

B. 在班上和学生共同讨论，告诉学生如何做

C. 在班上和学生共同讨论，一起寻找解决方案

D. 自己处理

E. 交给家长、班主任或学校处理

情境一：小红和小华是好朋友，她们的作业答案几乎一模一样，

您会怎么办?

（　　）_____

情境二：班上的同学总是乱扔垃圾，卫生班长管理无效，找您反映，您会怎么办?

（　　）_____

情境三：您正在讲课，有学生严重扰乱了课堂秩序，通常情况下您会怎么办?

（　　）_____

情境四：班上图书少了一本，管理图书的同学说是小明借了没还，而小明说自己早就还了。两个人都没有其他证明人，您会怎么办?

（　　）_____

情境五：小组长负责检查本组学生的背诵情况。他的一个好朋友并没有背会，但他向您汇报时，说全组都背会了。您会怎么办?

（　　）_____

情境六：小文想制止小明在厕所墙壁上乱写乱画，小明不听。小文向老师举报后，小明将其打伤，您会怎么办?

（　　）_____

问卷到此结束，感谢您的参与!

# 附录2

## 中小学教师专业伦理困境访谈提纲

一、您工作时是否遇到过这样的经历，就是您不知道怎么做才是对的，每种选择都有充分的道理或理由。判断什么是对的，什么是错的非常困难，对于应该怎么做您不太确定（您印象比较深，对您触动或意义最大的）。

二、这种伦理困境经历的（或者说这种价值冲突的经历）过程是怎么样的？您认为哪些因素（或考虑）带来了这种情形？请描述这类情境或经历。

1. 事件发生的原因（或背景）：

（1）事件发展的经过；

（2）您当时的想法、态度和感受如何？

2. 面对这一困境您怎么处理的：

（1）在处理过程中考虑到了哪些因素？

（2）您是否和同事、学生或其他人就这一困境进行过讨论？

（3）哪个（哪些）因素对您的决定起了关键作用？

（4）学校的组织管理方式、校内人际关系模式、对教师形象的看法是否对您做出判断有重要的影响？

（5）当时您为什么认为这样做更好？

3. 这一困境最终的处理结果怎样？

三、这一结果给您带来的影响和反思有哪些？

1. 现在您怎么看这件事？

2. 现在如果再遇到类似情况，您会怎么做？

# 参考文献

## 一　著作类

〔法〕埃德加·莫兰：《复杂思想：自觉的科学》，陈一壮译，北京大学出版社，2001。

〔英〕艾弗·F. 古德森编著《专业知识与教师职业生涯》，刘丽丽译，北京师范大学出版社，2007。

〔法〕爱弥尔·涂尔干：《职业伦理与公民道德》，渠东、付德根译，上海人民出版社，2001。

〔巴西〕保罗·弗莱雷：《被压迫者教育学》，顾建新等译，华东师范大学出版社，2007。

〔英〕鲍曼：《现代性与大屠杀》，杨渝东、史建华译，译林出版社，2002。

〔法〕布迪厄：《实践感》，蒋梓骅译，译林出版社，2003。

陈桂生：《学校教育原理》（增订版），华东师范大学出版社，2012。

陈晞、高国栋编《突破瓶颈：基于"关键教育事件"的教师教育》，学林出版社，2010。

陈向明等：《搭建实践与理论之桥：教师实践性知识研究》，教育科学出版社，2011。

陈晓平：《面对道德冲突：关于素质教育的思考》，中央编译出版社，2002。

陈新汉：《哲学与人生——哲学概论新论》，上海人民出版社，2010。

程光泉：《全球化与价值冲突》，湖南人民出版社，2003。

〔英〕David Carr：《教学伦理》，张慧芝、陈延兴译，台北：韦伯文化国际出版有限公司，2003。

〔英〕David Tripp：《教学中的关键事件》，邓妍妍、郑汉文译，河北人民出版社，2007。

杜时忠：《德育十论》，黑龙江教育出版社，2003。

〔美〕杜威：《人的问题》，傅统先等译，上海人民出版社，1986。

〔美〕杜威：《我们怎样思维·经验与教育》，姜文闵译，人民教育出版社，1991。

冯婉桢：《教师专业伦理的边界：以权利为基础》，教育科学出版社，2012。

冯友兰：《境界：冯友兰谈人生》，中信出版社，2012。

〔美〕弗洛姆：《在幻想锁链的彼岸》，张燕译，湖南人民出版社，1986。

甘绍平：《应用伦理学前沿问题研究》，江西人民出版社，2002。

高兆明：《伦理学理论与方法》，人民出版社，2005。

高德胜：《生活德育论》，人民出版社，2005。

〔美〕Thomas L. Good、〔美〕Jere E. Brophy：《透视课堂》，陶志琼译，中国轻工业出版社，2009。

〔德〕黑格尔：《精神现象学》（下），贺麟、王玖兴译，商务印书馆，1996。

〔德〕黑格尔：《法哲学原理》，范扬、张企泰译，商务出版社，2009。

何怀宏：《伦理学是什么》，北京大学出版社，2002。

黄应杭：《伦理学新论》，浙江大学出版社，1998。

教育部师范教育司组织编写《教师专业化的理论与实践》，人民教育出版社，2003。

〔美〕吉利根等主编《描绘道德的图景》，季爱民、杨启华译，教育科学出版社，2011。

金生鈜：《理解与教育：走向哲学解释学的教育哲学导论》，教育科学出版社，1997。

金忠明：《教师教育的历史、理论与实践》，上海教育出版社，2008。

〔美〕柯尔伯格：《道德教育的哲学》，魏贤超、柯森译，浙江教育出版社，2000。

〔美〕肯尼思·A. 斯特赖克、〔美〕乔纳斯·F. 索尔蒂斯：《教学伦理》，洪成文、张娜、黄欣译，教育科学出版社，2007。

〔美〕拉尔夫·多戈夫等：《社会工作伦理：实务工作指南》，隋玉杰译，中国人民大学出版社，2005。

〔法〕路易·勒格朗：《今日道德教育》，王晓辉译，教育科学出版社，2009。

〔美〕Lynda Fielstein and Patricia Peldps：《教师新概念——教师教育理论与实践》，王建平等译，中国轻工业出版社，2002。

《教育——财富蕴藏其中》，联合国教科文组织总部中文科译，教育科学出版社，1996。

联合国教科文组织编著《世界教育报告（1998）：教师和变革世界中的教学工作》，罗进德等译，中国对外翻译出版公司，1998。

刘捷：《专业化：挑战 21 世纪的教师》，教育科学出版社，2002。

刘少杰：《后现代西方社会学》，社会科学文献出版社，2002。

刘云杉：《从启蒙者到专业人》，北京师范大学出版社，2006。

刘济良：《生命教育论》，中国社会科学出版社，2004。

鲁洁：《德育新论》，江苏教育出版社，1994。

陆谷孙：《英汉大词典》（第 2 版），上海译文出版社，2007。

陆有铨：《躁动的百年：20 世纪的教育历程》，北京大学出版社，2012。

罗国杰主编《中国伦理学百科全书·伦理学原理卷》，吉林人民出版社，1993。

罗国杰等：《伦理学教程》，中国人民大学出版社，1986。

罗肖泉：《高等学校专业伦理教育论纲》，知识产权出版社，2011。

罗肖泉编著《社会工作伦理教育研究》，中国矿业大学出版社，2005。

罗肖泉：《践行社会正义——社会工作价值与伦理研究》，社会科学文献出版社，2005。

马和民：《新编教育社会学》，华东师范大学出版社，2002。

〔德〕马克斯·韦伯：《学术与政治：韦伯的两篇演说》，冯克利译，生活·读书·新知三联书店，1998。

〔法〕米歇尔·福柯：《规训与惩罚：监狱的诞生》，刘北成、杨远婴译，生活·读书·新知三联书店，2003。

〔法〕皮埃尔·布迪厄、〔美〕华康德：《实践与反思——反思社会学导引》，李猛、李康译，中央编译出版社，2002。

戚万学：《冲突与整合：20 世纪西方道德教育理论》，山东教育出版社，1995。

〔美〕乔治·H. 米德：《心灵、自我与社会》，赵月瑟译，上海译文出版社，2005。

孙彩平：《道德教育的伦理谱系》，人民出版社，2005。

瞿葆奎：《教育学文集·教师》，人民教育出版社，1991。

〔美〕巴格莱：《要素主义者的基本原则》，瞿葆奎主编、马骥雄选编《教育学文集·美国教育改革》，人民教育出版社，1990。

单中惠：《教师专业发展的国际比较》，教育科学出版社，2010。

〔美〕舍恩：《反映的实践者：专业工作者如何在行动中思考》，夏林清译，教育科学出版社，2007。

施修华等：《教育伦理学》，上海科学普及出版社，1989。

〔美〕泰勒等：《社会心理学》（第 10 版），谢晓非等译，北京大学出版社，2004。

檀传宝：《教师伦理学专题——教育伦理范畴研究》，北京师范大学出版社，2010。

檀传宝：《走向新师德：师德现状与教师专业道德建设研究》，北京师范大学出版社，2009。

唐君毅：《中国文化之精神价值》，广西师范大学出版社，2005。

唐凯麟、刘铁芳主编《教师成长与师德修养》，教育科学出版社，2007。

〔美〕特里·L. 库珀：《行政伦理学：实现行政责任的途径》，张秀琴译，中国人民大学出版社，2001。

王建军：《学校转型中的教师发展》，教育科学出版社，2008。

王洁、顾泠沅：《行动研究——教师在职学习的范式革新》，华东师范大学出版社，2007。

王正平：《教育伦理学》，上海人民出版社，1988。

王卫东主编《教师专业发展探新：若干理论的阐释与辨析》，暨南大学出版社，2007。

〔美〕瓦茨拉维克等：《改变：问题形成和解决的原则》，夏林清、郑村棋译，教育科学出版社，2007。

〔美〕威廉·K. 弗兰克纳：《伦理学》，关键译，生活·读书·新知三联书店，1987。

〔美〕维尔斯马、于尔斯：《教育研究方法导论》（第 9 版），袁振国主译，教育科学出版社，2010。

吴康宁：《教育社会学》，北京人民教育出版社，1997。

熊川武：《反思性教学》，华东师范大学出版社，1999。

〔古希腊〕亚里士多德：《尼各马可伦理学》，廖申白译，商务印书馆，2003。

〔美〕雅克·蒂洛、基思·克拉斯曼：《伦理学与生活》，程立显、刘建等译，世界图书出版公司，2008。

〔德〕雅斯贝尔斯：《什么是教育》，邹进译，生活·读书·新知三联书店，1991。

〔德〕伊曼努尔·康德：《道德形而上学原理》，苗力田译，上海人民出版社，2005。

〔德〕尤尔根·哈贝马斯：《对话伦理学与真理的问题》，沈清楷译，中国人民大学出版社，2005。

杨伯峻译注《孟子译注》，中华书局，1988。

杨善华、谢立中主编《西方社会学理论》（下），北京大学出版社，2006。

杨韶刚：《西方道德心理学的新发展》，上海教育出版社，2007。

叶澜、白益民等：《教师角色与教师发展新探》，教育科学出版社，2001。

杨桂华主编《社会转型期精神迷失现象分析》，南开大学出版社，2009。

易连云：《重建学校精神家园》，教育科学出版社，2003。

〔加拿大〕伊丽莎白·坎普贝尔：《伦理型教师》，王凯等译，华东师范大学出版社，2011。

〔美〕约翰·I.古德莱德、〔美〕罗杰·索德、〔美〕肯尼思·A.斯罗特尼克主编《提升教师的教育境界：教学的道德尺度》，汪菊译，教育科学出版社，2012。

〔美〕约瑟夫·弗莱彻：《境遇伦理学：新道德论》，程立显译，中国社会科学出版社，1989。

章国锋：《关于一个公正世界的"乌托邦"构想：解读哈贝马斯〈交往行为理论〉》，山东人民出版社，2001。

赵汀阳：《论可能生活：一种关于幸福和公正的理论》，中国人民大学出版社，2010。

《全球教育发展的历史轨迹——国际教育大会 60 年建议书

（1934—1996）》，赵中建主译，教育科学出版社，2001。

詹栋梁：《教育伦理学导论》，台北：五南图书出版公司，2009。

〔日〕佐藤学：《课程与教师》，钟启泉译，教育科学出版社，2003。

周淑卿：《课程发展与教师专业》，甘肃文化出版社，2005。

中华民国师范教育学会主编《教师形象与专业伦理》，台北：心理出版社股份有限公司，2008。

朱小蔓等：《教育职场：教师的道德成长》，教育科学出版社，2012。

## 二　期刊类

〔法〕埃德加·莫兰：《论复杂性思维》，陈一壮译，《江南大学学报》（人文社会科学版）2006 年第 5 期。

班华：《让教学成为道德事业》，《教育研究》2007 年第 2 期。

陈彬：《关于理性选择理论的思考》，《东南学术》2006 年第 1 期。

杜时忠：《教师道德从何而来》，《高等教育研究》2002 年第 5 期。

〔英〕麦金太尔：《道德困境》，莫伟民译，《哲学译丛》1992 年第 2 期。

程天君：《教师社会角色：三种研究视角的比较》，《教育理论与实践》2005 年第 21 期。

邓安庆：《从道德世界向伦理世界的生存论突围——论谢林早期伦理思想的意义》，《陕西师范大学学报》（哲学社会科学版）2013 年第 5 期。

樊浩：《“伦理”—“道德”的历史哲学形态》，《学习与探索》2011 年第 1 期。

冯婉桢：《教师职业道德规范的边界》，《教师教育研究》2009 年第 1 期。

甘剑梅：《教师应该是道德家吗——关于教师道德的哲学反思》，《教育研究与实验》2003 年第 3 期。

甘绍平：《道德冲突与伦理应用》，《哲学研究》2012 年第 6 期。

高湘泽：《道德责任的主体必然性与合理性之根据》，《哲学研究》2006 年第 3 期。

龚兵：《全国教育协会：美国教育界一股不容忽视的力量》，《湖南师范大学教育科学学报》2006 年第 4 期。

顾明远：《课程改革的世纪回顾与瞻望》，《教育研究》2001 年第 7 期。

韩东屏：《论道德困境》，《哲学动态》2011 年第 11 期。

何菊玲：《教师是谁？——关于教师身份的本体性追问》，《陕西师范大学学报》（哲学社会科学版）2013 年第 2 期。

黄巧玲：《道德冲突浅论》，《丽水师专学报》1994 年第 4 期。

金生鈜：《学校场域与交往惯习——关于教育交往的对话》，《福建论坛》2007 年第 6 期。

〔美〕李·S. 舒尔曼：《理论、实践与教育的专业化》，王幼真、刘捷编译，《比较教育研究》1999 年第 3 期。

李江霞：《国外教师职业倦怠理论对我国的启示》，《教育科学》2003 年第 2 期。

李敏、檀传宝：《师德崇高性与底线师德》，《课程·教材·教法》2008 年第 6 期。

李宁：《道德：与冲突中正确抉择》，《西南农业大学学报》（社会科学版）2012 年第 5 期。

李培超：《道德冲突论纲》，《湖南师范大学社会科学学报》1993 年第 2 期。

梁福镇：《教师专业伦理内涵及养成途径之探究》，《教育科学期刊》2005 年第 5 期。

林远泽：《决疑论与实践讨论——以对话伦理学做为医学伦理教学之基础试探》，《哲学与文化》2005 年第 8 期。

刘峻杉：《教师道德意识澄清：道德教育的起点》，《教师教育研究》2012 年第 3 期。

罗昂：《教师专业伦理素质的创新与发展》，《沧桑》2007 年第
6 期。

鲁洁：《一个值得反思的教育信条：塑造知识人》，《教育研究》
2004 年第 6 期。

罗肖泉：《专业的伦理属性与专业伦理》，《学海》2010 年第
6 期。

苗东升：《复杂性研究的现状与展望》，《系统辩证学学报》2001
年第 4 期。

〔英〕莫尼卡·泰勒：《价值观教育与教育中的价值观》（上），
万明译，《教育研究》2003 年第 5 期。

皮湘林：《社会工作伦理的理论视域》，《伦理学研究》2009 年
第 2 期。

丘海雄、张应祥：《理性选择理论述评》，《中山大学学报》（社
会科学版）1998 年第 1 期。

上海师资培训中心课题组：《面向 21 世纪中小学教师继续教育
的比较研究》（上），《外国中小学教育》1998 年第 5 期。

沈清松：《伦理学理论与专业伦理教育》，《湖南大学学报》1996
年第 10 期。

宋萑：《教师专业伦理之辩证》，《湖南师范大学教育科学学报》
2009 年第 6 期。

苏启敏：《论教师专业道德的实践品格》，《教育研究》2013 年
第 11 期。

舒志定：《论教师的专业境界》，《教师教育研究》2008 年第
5 期。

《全美教育协会〈道德规范〉》，檀传宝、王丽娟译，《中国教
师》2005 年第 7 期。

檀传宝：《再论"教师德育专业化"》，《教育研究》2012 年第

10 期。

檀传宝：《教师的道德人格及其修养》，《江苏高教》2001 年第 3 期。

檀传宝：《提升教师德性配享教育幸福》，《中小学德育》2013 年第 1 期。

檀传宝：《论教师"职业道德"向"专业道德"的观念转移》，《教育研究》2005 年第 1 期。

檀传宝等：《中学师德建设调查十大发现》，《中国德育》2010 年第 4 期。

王书道：《当代世界价值冲突的实质与根源》，《理论与现代化》2004 年第 6 期。

王小飞：《当代西方教师专业伦理研究与发展现状述评》，《中国教师》2008 年第 23 期。

王冬桦：《为伦理与道德的概念及其关系正本清源》，《首都师范大学学报》（社会科学版）2011 年第 2 期。

王家军：《规约与关怀：当代师德建设的伦理冲突及价值选择》，《江苏高教》2006 年第 2 期。

王晓莉、卢乃桂：《当代师德研究的省思：与国外教学道德维度研究的比较》，《外国教育研究》2011 年第 6 期。

王晓莉、卢乃桂：《教师应对教学道德冲突的策略及其实证研究》，《课程·教材·教法》2011 年第 9 期。

王啸：《全球化时代的中国道德教育》，《北京师范大学学报》（社会科学版）2004 年第 3 期。

王正平：《美国教育职业伦理准则的研究、制定与演进》，《思想·理论·教育》2001 年第 6 期。

吴康宁：《教师是"社会代表者"吗——作为教师的"我"的困惑》，《教育研究与实验》2002 年第 2 期。

吴康宁：《教师：一种悖论性的社会角色——兼答郭兴举同志的

"商榷"》,《教育研究与实验》2003 年第 4 期。

吴康宁:《谁是"迫害者"——儿童"受逼"学习的成因追询》,《教育研究与实验》2002 年第 4 期。

吴康宁:《制约教育改革的特殊场域》,《教育研究》2008 年第 12 期。

〔美〕小威廉·多尔、唐娜·杜伊特:《复杂性思维:存在于关系之中》,张光陆译,《全球教育展望》2011 年第 5 期。

熊华军、丁艳:《美国大学教师专业组织使命的实现》,《现代大学教育》2013 年第 5 期。

薛晓阳:《教师职业道德建设的"专业化"及问题思考——关于教师职业道德建设的政策设计和文本分析》,《教师教育研究》2012 年第 1 期。

尧新瑜:《"伦理"与"道德"概念的三重比较义》,《伦理学研究》2006 年第 4 期。

姚轩鸽:《全球化背景中的伦理冲突与重建策略》,《陕西理工学院学报》2005 年第 27 期。

袁明华:《论道德冲突》,《江苏社会科学》1992 年第 2 期。

张民杰:《台湾教育学术领域应用案例教学法的回顾与展望》,《教育与多元文化研究》2012 年第 7 期。

张华:《反思性教学的反思》,《内蒙古师范大学学报》(教育科学版)2005 年第 10 期。

赵康:《专业:专业属性及判断成熟专业的六条标准——一个社会学角度的分析》,《社会学研究》2000 年第 5 期。

赵敏:《近 30 年来我国师德建设伦理学思想的冲突与交融》,《教育研究》2011 年第 2 期。

郑信军、岑国桢:《道德敏感性:概念理解与辨析》,《心理学探新》2009 年第 1 期。

郑信军、吴琼琼:《论教师的教学伦理敏感性及其发展》,《教育研究》2013 年第 4 期。

周丹：《专业化：传统师德向现代师德的转型》，《教育探索》2006 年第 1 期。

朱建民：《专业伦理教育的理论与实践》，《通识教育季刊》1996 年第 2 期。

# 三　学位论文

白红义：《当代中国调查记者的职业意识研究（1995—2010）》，硕士学位论文，复旦大学，2011。

陈连孟：《幼儿教师专业伦理形成研究》，硕士学位论文，西南大学，2013。

郭敏：《基于教师专业发展视域的高校体育教师职后教育研究》，硕士学位论文，华中师范大学，2012。

韩峰：《教师专业道德形成研究》，硕士学位论文，山西大学，2010。

韩少华：《校长专业伦理研究》，硕士学位论文，东北师范大学，2012。

何光辉：《职业伦理教育有效模式研究》，硕士学位论文，华东师范大学，2007。

胡斌武：《课堂教学伦理问题研究》，硕士学位论文，西北师范大学，2003。

黄向阳：《教育专业伦理规范导论》，博士学位论文，华东师范大学，1997。

焦岩岩：《"权利本位"理念下幼儿教师专业自主权研究》，硕士学位论文，东北师范大学，2012。

孔美美：《当前我国小学教师专业伦理建设的问题与对策研究》，硕士学位论文，渤海大学，2013。

雷丽珍：《中小学校长专业发展的影响因素研究》，硕士学位论文，华南师范大学，2004。

李清雁：《教师是谁》，硕士学位论文，西南大学，2009。

李宜玫：《国小教师专业伦理决定之研究：概念发展与历程模式验证》，硕士学位论文，台北：台湾师范大学，1994。

李彬：《走出道德困境》，硕士学位论文，湖南师范大学，2006。

连莲：《关于西方教师专业化理论与实践的初步研究》，硕士学位论文，福建师范大学，2002。

刘妍：《校长决策的伦理分析》，首都师范大学，2007。

刘济良：《论我国青少年的价值观教育》，硕士学位论文，华东师范大学，2001。

刘万海：《重返德性生活》，硕士学位论文，华东师范大学，2007。

梅少波：《美国职前教师专业伦理教育途径研究》，硕士学位论文，西南大学，2013。

任重远：《道德能力研究》，硕士学位论文，中南大学，2009。

申阳春：《美国 NEA 准则教育伦理思想探析》，硕士学位论文，西南大学，2012。

史慧明：《高校辅导员职业伦理研究》，硕士学位论文，南京师范大学，2012。

沈璐：《师道与师德合一：构建教师专业伦理制度的理性探索》，硕士学位论文，陕西师范大学，2012。

沈旭军：《我国第三部门独立性缺失的原因及其对策探析》，硕士学位论文，南京师范大学，2013。

陶一丁：《新世纪以来中学教师职业道德现状分析及建设路径研究》，硕士学位论文，中国矿业大学，2013。

万小娟：《中学教师专业伦理素养研究》，硕士学位论文，江西师范大学，2010。

王博：《护生职业伦理素养及影响因素调查》，硕士学位论文，青岛大学，2012。

王彩霞：《教师教学生活伦理探究》，硕士学位论文，山东师范大学，2007。

王凯：《教学作为德性实践》，硕士学位论文，华东师范大学，2008。

王丽佳：《美国全国教育协会教育专业伦理规范历史演进探析》，硕士学位论文，华东师范大学，2010。

王小溪：《幼儿园教师专业伦理研究》，硕士学位论文，东北师范大学，2013。

王雅茹：《幼儿园教师专业伦理的缺失与生成》，硕士学位论文，浙江师范大学，2011。

王玉玲：《中小学教师专业伦理缺失与重建研究》，硕士学位论文，华东师范大学，2007。

武天妹：《教师课堂教学行为伦理问题研究》，硕士学位论文，西南大学，2013。

徐金海：《领导转型：校长领导伦理的寻求与建构》，硕士学位论文，南京师范大学，2011。

许楠：《论教师专业发展的组织维度》，硕士学位论文，西南大学，2012。

许庆泉：《国民小学学校行政人员伦理困境与伦理决定之个案研究》，硕士学位论文，台中：台中教育大学，2006。

殷霞：《高校心理咨询伦理问题调查研究》，硕士学位论文，南京师范大学，2011。

于永平：《我国教师专业伦理建设研究》，硕士学位论文，西南大学，2009。

张凌洋：《经济学视域下中小学教师专业伦理研究》，硕士学位论文，西南大学，2012。

赵靖：《护理伦理困境实证研究》，硕士学位论文，安徽医科大学，2011。

种瑞：《幼儿园教师专业伦理观念与行为的现状研究》，硕士学位论文，浙江师范大学，2013。

周润智:《被规约的教师职业》,博士学位论文,南京师范大学,2002。

朱桂琴:《教师的实践性格》,硕士学位论文,华中师范大学,2009。

邹昌明:《多元文化下美国教师专业伦理研究》,硕士学位论文,西南大学,2011。

左彩虹:《学习型社会教师专业伦理的构建研究》,硕士学位论文,湖南大学,2007。

周燕:《美国全国教育协会功能探析》,硕士学位论文,华东师范大学,2002。

# 四 外文文献

L. S. Shulman, "Knowledge and Teaching: Foundations of the New Reform," *Harvard Educational Review*, 1987 (57).

E. Campbell, "Professional Ethics in Teaching: Towards the Development of a Code of Practice," *Cambridge Journal of Education*, 2000, 30 (2).

Campbell, "Ethical Implications of Collegial Loyalty as one View of Teacher Professionalism," *Teachers and Teaching: Theory and Practice*, 1996b, 2 (2).

E. Campbell, "Teaching Ethically as a Moral Condition of Professionalism," in Larry P. Nucci, Darcia Narveaz, eds., *Handbook of and Character Education*, Taylor & Fracis, 2008.

G. Colnerud, "Ethical Conflict in Teaching," *Teaching and Teacher Education*, 1997.

Morton Corn, "Professions, Professionals, and Professionalism," *American Industrial Hygiene Association Journal*, Jul. 1994.

D. Coulter, E. Orme, "Teacher Professionalism: The Wrong Conversation," *Education Canada*, 2000, 40 (1).

Lisa C. Ehrich, Megan Kimber, Jan Millwater, Neil Cranston, "Ethical Dilemmas: A Model to Understand Teacher Practice," *Teachers and Teaching: Theory and Practice*, 2011, 17 (2).

Fred A. J. Korthagen, "In Search of the Essence of a Good Teacher: Towards a More Holistic Approach in Teacher Education," *Teaching and Teacher Education*, 2004 (20).

Y. Fisher, "Exploration of Values: Israeli Teachers' Professional Ethics," *Social Psychology of Education*, 2013, 16 (2).

R. Godbold, A. Lees, "Ethics Education for Health Professionals: A Values Based Approach," *Nurse Education in Practice*, 2013, 13 (6).

A. Hargreaves, "The Emotional Geographies of Teachers' Relations with Colleagues," *International Journal of Educational Research*, 2001, 35 (5).

Hassinger, "Using Case Studies of Ethical Dilemmas for the Development of Moral Literacy," *Journal of Educational Administration*, 2007, 45 (4).

J. Husu and K. Tirri, "A Case Study Approach to Study one Teachers' Moral Rejection," *Teaching and Teacher Education*, 2003 (19).

J. Husu, "A Multifocal Approach to Study Pedagogical Ethics in School Settings," *Scandinavian Journal of Educational Research*, 2004 (48).

Irene Hau-siu Chow, Daniel Z. Q. Ding, "Moral judgement and Conflict Handling Styles among Chinese in Hong Kong and PRC," *Journal of Management Development*, 2002 (21).

Joan Poliner Shapiro and Robert E. Hassinger, "Using Case Studies of Ethical Dilemmas for the Development of Moral Literacy," *Journal of Educational Administration*, 2007 (45).

John Martin Rich, "The Role of Professional Ethics in Teacher

Education," *Action in Teacher Education*, 1985 (7).

Joshua E. Perry, "Managing Moral Distress: A Strategy for Resolving Ethical Dilemmas," *Business Horizons*, 2011 (54).

Justin Oakley and Dean Cocking, *Virtue Ethics and Professional Roles*, Cambridge: Cambridge University Press, 2003.

K. Tirri and J. Husu, "Care and responsibility in 'The Best Interest of the Child': Relational Voices of Ethical Dilemmas in Teaching," *Teachers and Teaching: Theory and Practice*, 2002, 8 (1)

C. Kim, "Professional Ethics," *Tech Trends*, 2014, 58 (1).

B. Kumar, "Ethics in Professional Education: A Tool for Quality Enhancement," *Srusti Management Review*, Jan. 2013, 6 (1).

N. Lyons, "Ethical and Epistemological Dimensions of Teachers' Work and Development," *Harvard Educational Review*, 1990, 60 (2).

Nona Lyons, "Dilemmas of Knowing: Ethical and Epistemological Dimensions of Teachers' Work and Development," *Harvard Educational Review*, 1990 (60).

M. Afzalur Rahim, Gabriel F. Buntzman, Douglas White, "An Empirical of the Stages of Moral Development and Conflict Management Styles," *International Journal of Conflict Management*, 1999 (1).

N. Maslovaty, "Teachers' Choice of Teaching Strategies for Dealing with Socio-moral Dilemmas in the Elementary School," *Journal of Moral Education*, 2000, 29 (4).

S. Martin, "Professional Ethics," *Tech Trends*, 2012, 56 (5).

R. McAreavey, "On Being Let Loose in the Field: The Execution of Professional Ethics," *Sociologia Ruralis*, 2014, 54 (1).

IN. McCarthy, "Professional Ethics Code Conflict Situations: Ethical and Value Orientation of Collegiate Accounting Students," *J. Bus Ethics*, 1997 (12).

K. K. Merseth, "The Early History of Case-based Instruction: Insights for Teacher Education Today," *Journal of Teacher Education*, 1994b, 42 (4).

Mike Saks, "Defining a Profession: The Role of Knowledge and Expertise," *Professions and Professionalism*, 2012 (2).

R. J. Nash, *Real World Ethics: Frameworks for Educators and Human Service Professionals*, New York: Teachers College Press, 1996.

Orly Shapira-Lishchinsky, "Ethical Dilemmas in Teaching and Nursing: The Israeli Case," *Oxford Review of Education*, 2010, 36 (6).

Orly Shapira-Lishchinsky, "Teachers' Critical Incidents: Ethical Dilemmas in Teaching Practice," *Teaching and Teacher Education*, 2012, 27 (3).

F. Oser and W. Althof, "Trust in Advance: On the Professional Morality of Teachers," *Journal of Moral Education*, 1993 (2).

Patricia H. Werhane, "Ental Models, Moral Imagination and System Thinking in the Age of Globalization," *Journal of Business Ethics*, 2008 (78).

Patricia Melo, "Ethical Conflicts in Teaching: The Novice Teacher'Experience," *Connections*, 2012 (3).

L. Romani, B. Szkudlarek, "The Struggles of the Interculturalists: Professional Ethical Identity and Early Stages of Codes of Ethics Development," *J. Bus Ethics*, 2014 (2).

J. L. Roubanis, "Professional Ethics: It Is All in the Code," *Journal of Family and Consumer Sciences*, 2013 Summer, 105 (3).

J. P. Shapiro, R. E. Hassinger, "Using Case Studies of Ethical Dilemmas for the Development of Moral Literacy," *Journal of Educational Administration*, 2007, 45 (4).

L. S. Shulman, "Knowledge and Teaching: Foundations of the New Reform," *Harvard Educational Review*, 1987 (57).

Soile Juujarvi, "Care Reasoning in Real-life Moral Conflicts," *Journal of Moral Education*, 2006 (35).

K. Tirri, "Teachers' Perceptions of Moral Dilemmas at School," *Journal of Moral Education*, 1999 (28).

Yael Fisher, "Exploration of Values: Israeli Teachers' Professional Ethics," *Soc Psychol Educ*, 2013 (16).

# 五　其他

《八成教师感觉工作压力大》，搜狐网，http://health.sohu.com/20050909/n240361168.shtml。

葛晨：《道德行为抉择于道德冲突中》，《中国社会科学报》2011年10月。

胡鞍钢：《中国社会转型中的四大新特点》，2005年8月17日，http://theory.people.com.cn/GB/49154/49156/3622216.html。

叶澜：《改善教师发展生存环境：提升教师发展》，《中国教育报》2007年9月15日，第3版。

檀传宝：《今天，我们需要什么样的教师道德》，《中国教育报》2010年10月21日，第1版。

刘铁芳：《好的学校教育何以可能》，http://www.icourses.cn/viewVCourse.action? courseId = ff80808142693f8701426a304df400c0。

NEA Handbook, *Code of Ethics*, http://www.nea.org/home/30442.htm.

王中银：《当代中国社会转型研究文献综述》，http://www.douban.com/group/topic/5154472/。

中国教育学会，http://www.cse.edu.cn/。

中国全国总工会：《中国工会章程（修正案）》，http：//www. acftu. org/template/10001/file. jsp? aid＝81124。

张诗亚：《关于"教师是谁"的追问》，《中国教育报》2002 年 4 月。

蔡淑丽：《专业伦理个案教学法的观察与反思》，1993，http：// www. doc88. com/p－7468317631255. html。

图书在版编目（CIP）数据

超越伦理困境：中小学教师专业伦理实践研究/李
琰著．－－北京：社会科学文献出版社，2022.1
ISBN 978 - 7 - 5201 - 9494 - 5

Ⅰ．①超…　Ⅱ．①李…　Ⅲ．①中小学 - 教师 - 师德 -
研究　Ⅳ．①G635.16

中国版本图书馆 CIP 数据核字（2021）第 251952 号

## 超越伦理困境：中小学教师专业伦理实践研究

著　　者 / 李　琰

出 版 人 / 王利民
责任编辑 / 陈　雪
文稿编辑 / 顾　萌
责任印制 / 王京美

出　　版 / 社会科学文献出版社·皮书出版分社（010）59367127
　　　　　　地址：北京市北三环中路甲29号院华龙大厦　邮编：100029
　　　　　　网址：www.ssap.com.cn
发　　行 / 社会科学文献出版社（010）59367028
印　　装 / 三河市尚艺印装有限公司

规　　格 / 开 本：787mm×1092mm　1/16
　　　　　　印 张：14.5　字 数：201千字
版　　次 / 2022年1月第1版　2022年1月第1次印刷
书　　号 / ISBN 978 - 7 - 5201 - 9494 - 5
定　　价 / 98.00元

读者服务电话：4008918866